斯多葛生活哲學
THE LITTLE BOOK OF STOICISM
55個練習

古希臘智慧，教你自信與情緒復原力

喬納斯・薩爾斯吉勃 著
JONAS SALZGERBER

contents

第三章　斯多葛幸福三角 048

PART2　55種斯多葛心法

哲學的力量

「哲學削弱命運打擊的力量超乎想像。沒有砲彈能在她體內停留；她受到嚴密保護，刀槍不入。她摧毀某些砲彈的威力，用長裙的鬆軟皺褶將它們擋開，彷彿不把它們的危害能力當一回事；其餘的，她則是迅速閃開，然後將它們擲回去，力道之大讓它們彈回到發射者身上。保重了。」——塞內卡（Lucius Annaeus Seneca）

引言

Introduction

也許你曾經偶然發現一句某位古代斯多葛派哲學家的智慧語錄，也許你讀過一篇關於某種發人深省的斯多葛觀點的文章，也許你曾經聽朋友提起這個有益且蓬勃發展的古代哲學學派，或者你已經研究過一、兩本關於斯多葛主義的書籍；或者，也說不定，儘管可能性微乎其微，你這輩子聽都沒聽過這東西。

無論如何，我們和斯多葛主義很容易以某種方式邂逅，然而理解、說明它究竟是什麼，則是相當棘手。進而認識並了解它和現今的關聯性以及它能如何幫助你，則是具有挑戰性的。能完全掌握它的意義並付諸實行，則是極富野心的部分，也是寶藏之所在！斯多葛派是古羅馬格鬥士為了生命而激戰，羅馬人在蒸汽浴場交際的時代所教導、實踐的哲學，在《權力遊戲》（*Game of Thrones*）影集和臉書風行的今天，依然具有高度的可行性。這門古老哲學的智慧是亙古不變的，而它在追求快樂、有意義的人生這件事情上所具有的價值可說無庸置疑。

有了本書，你手中便掌握了寶藏地圖。它將引領你認識許多重要哲學家，帶給你一套易於理解的哲學概述，它將教給你許多核心準則，提供你五十五種可以在充滿挑戰的人生中實行的斯多葛心法和實用訣竅。最重要的是，它將教你如何把它從書本上轉化為真實世界中的行動。

酷！問題是，一個二十幾歲的年輕人憑什麼寫關於美滿人生的斯多葛寶藏地圖？說得也是，換作是我也會這麼懷疑。經過多年的學校和大學生活，我厭煩了埋首於學術書籍和論文，學一些無法真正教我了解何謂真實人生價值的東西。於是，就在交出最後一份論文的當天，我出國展開為期七個月的漫長環球旅行。我想要擺脫一切，看看其他的地方和文化，但主要是想了解自己，以便知道自己回國後該以什麼作為一生的職志。結果這個目的沒有達成，然而我**確實**想清楚了別的東西：「我肯定是錯過了教導我們如何生活的那堂課！」

在十五年半的求學生涯中，我學過數學、物理、化學、生物和一堆別的東西，卻沒有學會該如何迎接挑戰？如何應對恐懼和競爭？如何處理自己的沮喪情緒？如何有效地面對朋友的死亡？該拿自己的憤怒怎麼辦？如何能更有自信？的確，我肯定錯過了所有這些課程了。順便一提，這正是古代各種哲學學派教導的東西，它們教你如何生活。而儘管這些學派早已不存在，你、我和大部分人卻仍然和以前的人一樣，需要一種可以教我們如何生活的哲學。

在我接下來幾年卯起來狂讀的大堆知識當中，斯多葛主義對我幫助最大，儘管一開始我並不看好它。我對這派哲學還沒有太多（任何）了解之前，我以為它肯定是全世界最乏味的東西。我是說，畢竟它叫斯多葛主義，而不是「超人學說」，或其他足以顯示它值得學習的名稱。

但我還是試著一讀，結果著了迷，而且從此變成一個求知若渴的斯多葛哲學學徒和實踐者。儘管已經反覆讀過無數本書，我始終缺乏某種能夠提供簡單概述，同時又能解釋斯多葛主義究竟為何物的管道。因此我寫了一長篇能夠達成上述目標，針對這派哲學提供概述，並且解釋它究竟是什麼的文章。幸運的是許多人很喜歡這文章，覺得它幫助極大。實際上有人甚至把整篇文章偷走，當成自己的作品賣給出版社。這不只測試了我個人的斯多葛思維方式，它得到的許多五星書評更告訴我，人們確實是**想要**學習這門哲學。

於是我熱切積極地寫了本書。當初若是有它，將可以為我省去無數研究時間，也可以提供大量被探求、迫切需要的、關於這門典範哲學的智慧。我確信本書將為現代斯多葛文學作出貢獻，更重要的是，它將有利於你追求美好的生活。因為這正是斯多葛主義帶給你的助益：活出美好人生。

無論你遇上什麼問題，斯多葛派學者都能提供你一種可對應的建議。儘管它是一門古老哲學，它的智慧常讓人感覺出奇地現代而新鮮。它能幫助你建立耐性和力量，以迎接充滿挑戰的生活；它能幫助你在情緒上變得堅韌，讓你不會被外在事物耍得團團轉，而別人也無法輕易激怒你；它能教你自我掌控，讓你在風暴中保持鎮定；它能幫助你作決定，進而大幅簡化日常生活。

「跟隨哲人學習的人，」塞內卡說：「每天都該帶著一樣好東西離去：他應該每天帶著一個更健全，或者即將變得更健全的自己回家。」實行斯多葛主義能幫助你成為一個更好的人：它會教你遵循一套值得追求的價值，用心地生活。這些價值包括勇氣、耐心、自律、沉著、堅毅、寬容、仁慈和謙恭。它的許多精神導師能給人依靠和引導，並且提升自信。

而**你**也可以得到。事實上，斯多葛哲學使得美好生活成為人人都可企及的目標，跨越各個社會階層——無論你是富裕或貧窮、健康或病弱、是否受過良好教育，都無損於你追求美好人生的能力。斯多葛奉行者就是活生生的例子，證明了人可以被流放到荒島，而仍然過得比住在皇宮中的人更快樂。他們非常清楚，外在環境和個人幸福的關聯極為薄弱。

在斯多葛主義中，你**如何**應對特定的環境這點非常重要。斯多葛派認知到，美好人生取決於人的品格修養，以及人的抉擇和行動，而非不可操控的周遭世界所發生的種種。這點，我的斯多葛學習夥伴們，正是斯多葛主義第一個既棘手而又極具吸引力面向的核心——它讓我們負起責任，不給我們任何一丁點無法擁有美滿人生的藉口。

你和我，我們得為自己的繁榮安樂負責。我們有責任不讓自己的快樂受制於外在環境，我們不該讓大雨、討厭的陌生人或者漏水的洗衣機來決定我們的幸福安康。否則我們就成了各種難以控制的生活境況中的無助受害者。身為一個斯多葛學習者，你會了解只有**你**能毀掉自己的人生，也只有**你**可以拒絕讓自己的內在自我被人生丟給你的任何艱險挑戰給征服。

因此，斯多葛主義能教你在生活中遵循一套有助於培養情緒復原力、沉著的自信以及清楚的人生方向感的準則。就如一支可靠的手杖，它是一種以理性而非信仰為基礎的生活指引，一種能支撐我們去追求自制、堅毅和智慧的指引。斯多葛主義讓我們成為更好的人，教我們如何活得精采。

它那些強而有力的心理學技巧，和當今被稱作正向心理學的這門學科中的一些已經研究證明有效的心理技巧，幾乎是一致的。我不是在指控研究人員剽竊，但是正向心理學當中被討論的那些練習法，和兩千多年前斯多葛奉行者運用的方法看起來**可疑地**相似。現代研究和斯多葛派的教導密切結合的這個事實使得這門哲學更加吸引人。此外，斯多葛主義並不僵化，而是開放、尋求真理的。就如那句拉丁諺語：「季諾（Zeno，斯多葛主義創立者）是我們的朋友，但真理這位朋友更可敬。」

放眼四周，我們看見無數人追求著擁有華屋豪宅、保時捷911和六位數工作薪水的美夢，但他們並不比以前住潮霉公寓、開生鏽舊車、當低薪族的時候快樂。他們所遵循的是類似這樣的生活公式：只要你努力工作，你就會成功，而一旦你成功了，你**就會**快樂；或者，只要我完成／得到／達成這個或那個，我**就會**快樂了。問題是？這個公式失靈了。遵循這個公式多年之後，這些人開始懷疑：**人生就只是這樣嗎？**

不，不是的。問題是，很多人老了之後並沒有比較快樂，也毫無長進。他們渾渾噩噩活著，欠缺明確的人生目標，不斷犯下同樣的錯誤，直到八十歲都還沒有比他們二十歲時更接近幸福、有意義的人生。

許多人應該都會毫不考慮地採行一種可以提供引導、方向、賦予人生更大意義的生活哲學。沒了此一指引，我們可能得承擔一種風險：縱使有再多出於善意的行動，我們將只能原地踏步，追逐毫無價值的事物，最後度過充滿情感磨難、懊悔和挫折的不完滿人生。而由於讓斯多葛主義有機會成為你的人生指導哲學，而且它實在太容易了，你根本不會有任何損失，卻會有極多收穫。

本書的允諾其實也就是斯多葛哲學的允諾：它教我們如何活出無上幸福、平穩順利的人生，如何能在面對逆境時依然能保有它。它能讓你準備好面對任何狀況，有如一座力量之塔，無可撼動、堅定不移、情緒復原力強，即使身在地獄之火中都出奇地冷靜、專注。

斯多葛主義能夠在平順的日子裡增進你的生活，但是它的效用在艱困的日子中尤其明顯。它是指引你穿越黑暗低潮時期的明燈。它會在你需要信心時握住你的手，馴服憤怒、恐懼和哀傷之類的壞東西，將你的情緒磨難減到最低。當你身陷情緒泥淖，它是你到達渴求的平靜之境的踏腳石。即使在你顫抖有如風中落葉，需要展現勇氣時，它是你的堅強後盾。當你急需鼓舞，它是將你喚醒，讓你臉上重現笑容的小丑。

簡單地說，斯多葛主義不只能為你指引方向，同時也能讓你掌握通往美好人生之鑰。你唯一要做的就是通過小徑，轉動鑰匙，然後走進去。因此，斯多葛導師愛比克泰德（Epictetus）問：「你還要等多久？」

「你還要等多久，才會開始要求自己有最佳表現？」你不再是小孩，而是一個成人，然而你因循度日，愛比克泰德自問：「你不會留意到自己沒有長進，但是你將如一個平庸之人那樣活著然後死去。」從現在開始，他警告自己，要像個成熟的人那樣活著，絕不能再把自認最該做的事擱置不管。而每當你遇上困難，要記住競賽就在現在，你已經在奧林匹克大賽當中，你不能再等待。

我們沒有餘裕把我們的訓練延後，因為不同於奧運會，我們天天參加的競賽——生活，早就開始了。生活就在此時此刻，我們的鍛鍊必須馬上開始。

斯多葛主義的訓練有點像衝浪——理論少、練習多。好，你等不及要開始，你想像自己站在衝浪板上，迎向一波波海浪，有一輩子的時間。**等等**，我得讓你暫時停下來。因為在你的第一堂衝浪課中，你也要先學習一些衝浪理論方面的東西。在乾地上，你得先練習如何划水、迅速起身然後立在板子上。換句話說，這樣的起步感覺很討厭，你只想衝浪，你報名不是為了枯燥的理論課程。

意外快速地你熬過了理論的部分，終於可以下水，沖掉嘴裡的沙子，開始練習了。在水中，你很快了解到事情沒那麼簡單，理論的部分其實是必須的。斯多葛主義也是如此。你遲早可以去追逐浪花，但如果你想成功駕馭它們，而不是在頭幾次（許多次）落水之後放棄，你就得先了解衝浪……呃，斯多葛主義……背後的一些理論。

我力圖讓本書章法分明，同時以一種容易消化理解、高度功能性的方式呈現這門古老的哲學智慧。在第一篇中，你將了解到這門哲學的允諾、它的沿革和主要哲學家，以及用斯多葛快樂三角來呈現的核心信念。記住這個三角，你將可以向一個五歲小孩解釋這門哲學。第二篇全部是關於下水衝浪的內容，提供了大量實用的建議和日常生活的心法。

我寫這些簡單明瞭的斯多葛主義探討文章的最終目的，是要幫助你擁有更美好的人生。我相信藉由實踐這門奧妙的哲學，所有人都可以變得更睿智而快樂。

那就開始吧。

PART 1

何謂斯多葛主義？

「倘若不對，就別去做，倘若不是真的，就別說出來。」
——馬可・奧理略（Marcus Aurelius）

第一章

斯多葛哲學的允諾

除非受到強風吹襲，沒有一棵樹木會變得扎根牢固而健壯。這種搖撼、拉扯正是讓樹木抓牢地面、把根部扎得更穩固的力量；那些脆弱的樹木都是生長在風和日麗的山谷中的。「那麼，」塞內卡問：「好人受到動搖以便成長得更為茁壯，又有什麼值得奇怪？」就像對樹木，強風狂雨對好人是有利的，讓他們可以因此變得冷靜、守紀律、謙遜而健壯。

就像樹木必須在每一陣微風中抓緊地面，免得倒下，我們也必須堅定立場，才不會因為每一樁瑣事亂了陣腳。這正是斯多葛哲學的價值所在。它會讓你更堅強，讓風雨感覺輕微些，讓你無時無刻都能站穩腳步。換句話說，它能讓你準備好更有效地應付人生拋給你的任何暴風雨。

從戰士哲學家到情緒化的狼，本章含括了你必須了解的、關於斯多葛哲學，或者你為何應該研究斯多葛主義的一切知識。

敬告：本書含有一些像 *eudaimonia*、*areté* 或 *virtue* 之類的嚇人字眼。它們的陌生外表可能會讓你想要略過不讀。所以，準備好，要堅定。撇開抗拒感不說，花點時間去了解是值得的，你說不定還會把它們加入你的日常語彙呢。況且，這畢竟是一門古老哲學，出現幾個嚇人字眼也是很正常的啊。

實踐生活的藝術：成為戰士哲學家

「首先告訴自己，你想成為什麼樣的人；然後做你該做的。」

——愛比克泰德

如何活出美好的人生？這個不朽的哲學問題居於斯多葛哲學主要關切議題的源頭：人該如何活出自己的一生，或者活出「生活的藝術」。斯多葛導師愛比克泰德把哲學比喻成工藝。就如木頭之於木匠，青銅之於雕刻家，我們的生活正是生活藝術的獨特材料。哲學並不是老學究所專有，它是每一個想要學習如何活（和死）得完滿的人的基本技能。每一段人生境遇都代表一片空白畫布，或者一塊我們可以在上頭雕刻、琢磨的大理石，因而我們可以用一輩子的時間去精通技藝。基本上這就是斯多葛主義的作用，它教我們如何在生活中取得優勢，讓我們隨時準備好冷靜地面對逆境，真正幫助我們塑造、享受美好的生活。

是什麼讓一個人擅長於生活？根據愛比克泰德的說法，既非財富，也不是位居要職，或者當一名高官。一定還有別的什麼。就像想要寫一手漂亮書法的人必須勤加練習、研究書法，或者想要精通音樂的人必須學習音樂，因此，想要擅長於生活的人，也必須學習關於如何生活的有益知識。很有道理，對吧？另一位重要的斯多葛哲學家，我們將在第二章介紹的塞內卡說：「（哲學家）就是了解那樁根本要務——如何生活的人。」

「哲學家」（philosopher）一詞從古希臘文 *philosophos* 演變而來，它的意思是「智慧的愛好者」，一個**喜歡**學習如何生活、**想要**得到關於實際上如何過生活的實用智慧的人。就如愛比克泰德告訴我們的，倘若我們想成為生活高手，就得學習如何生活的知識。你或許會覺得驚訝，不過哲學其實是一種**實踐**：學習如何雕塑我們的人生。光是對著一塊大理石沉思、探究並不能讓我們熟練地運用鑿刀和木槌。斯多葛派尤其關切將哲學**應用**於日常生活。他們把自己看成真正的**心智戰士**，認為研習哲學的主要理由就是把它付諸實行。

唐納・羅勃遜（Donald Robertson）在他的著作《認知行為治療的哲學》（*The Philosophy of Cognitive Behavioural Therapy*）一書中作了絕佳的比較。他說，在古代，理想的哲學家是真正的心智**戰士**，然而在近代，「哲學家變得比較學究氣，不是戰士，而只是心智的**圖書管理員**。」

想想古代那些白髮哲學家。我們也想做個戰士，而最重要的不是引述斯多葛教條的能力，而是在真實世界中真正地實踐它們。就如愛比克泰德問他的學徒們：「倘若你們學習這些東西，不是為了把它們付諸實行，那又是為了什麼呢？」他繼續說，他們（他的學徒們）不夠渴切、勇敢，無法到真實世界去把理論付諸實踐。「這就是為什麼我寧可逃到羅馬去觀賞我最愛的摔角手比賽，起碼他把策略付諸行動了。」

真正的哲學是很少的理論，很多的實踐，就像古代的摔角和當今世界的衝浪。要記住，在衝浪運動中，我們在岸上很快地了解一下理論就可以下水練習。比起沉甸甸的書籍，沉重的海浪是更好的老師。而斯多葛主義要求的正是這點，到真實世界去，熱烈地把在課堂上學到的東西應用出來。我們的生活有著無數的綠色海浪和空白大理石塊，可說提供了日常實踐的絕佳訓練場所。

斯多葛主義的這個實用的「生活藝術」的面向包含了兩個主要承諾：第一，它教導人如何擁有幸福、平穩順利的人生；第二，它教你如何擁有情緒復原力，讓你即使在逆境中仍然能保有幸福平順的人生。現在讓我們開始討論第一個承諾，同時認識第一個嚇人的字眼：*eudaimonia*。

承諾#1：幸福（Eudaimonia）

向內挖掘。內在是善的泉源；只要你挖掘，它隨時會湧上來。

——馬可．奧理略

想像一個最佳版本的你。往內探索，你是否了解、認識那個最佳版本的你，那個在任何情況下舉止得宜、從不犯錯而且似乎打不倒的人是誰？倘若你像我一樣，曾經努力想改善自己，那麼你或許會認識這個理想版本的自己。在希臘語中，這個最佳版本是內在的*daimon*，一種內在精神，或者神性光輝。對斯多葛派和所有其他的古代哲學學派來說，人生的終極目標是*eudaimonia*，和你的內在*daimon*（別跟*demon*，惡魔，混淆了），也就是你的最高自我，維持良好（*eu*）關係。

斯多葛派相信，大自然要我們成為那個最高版本的自己。這就是為什麼內在精神（或神性光輝）像種子一樣被植入我們所有人之中，讓我們擁有能夠成為最高版本自我的自然潛能。換句話說，我們的**天性**就是會去完成神性種子所萌生的東西，並且將我們的人類潛能喚醒。因此，要和自己的內在精神融洽相處，和自己的理想自我和諧共處，也就是說盡可能接近那個潛在的至高自我。

Eu·daimon·ia

good + inner spirit/divine spark

（良好）（內在精神／神性光輝）

Be good with your inner spirit, live in harmony with your highest self.

（和你的內在精神維持良好關係，和你的至高自我和諧共處。）

我們必須填補**我們能成為什麼人**（我們的理想自我）以及我們當下**實際上是什麼人**兩者之間的缺口。針對這點斯多葛派也有一個字可以形容：*areté*。簡單地說，*areté*可以直譯為「美德」或「卓越」，但是它有更深層的含意，類似「在每一刻展現最佳的自己」的意思。這部分我們將在第三章進一步討論，不過你已經可以看出，斯多葛主義探討的是你在當下時刻的行動，以及盡可能活得接近你的理想自我。

斯多葛派的首要目標是eudaimonia——和你的內在精神融洽相處，和你的理想自我取得和諧，無時無刻表現出最高版本的自我。但這究竟是什麼意思？Eudaimonia這個希臘字彙最常見的翻譯是**幸福**。不過「繁榮」或「興盛」的譯法更能抓住原始的意義，因為它們表現出一種持續活動的狀態——唯有你在當下時刻的行動和你的理想自我取得和諧，你才可能和你的內在精神融洽相處。你由於活得好而**興旺茁壯**，**結果**你當然就感覺幸福了。

Eudaimonia 指的比較是一個人生活的整體特質，而不是一時的幸福感。那是一個人繁榮興旺、過最好的生活，並且極度幸福圓滿的一種狀態。如同斯多葛主義創建者季諾所說：「幸福就是平穩順利的人生。」也就是你的人生**大致上**必須是平穩順利的。讓我們總結，eudaimonia 是由於我們分分秒秒的行動與我們的至高自我取得和諧，帶來繁榮興盛而獲致幸福平順的人生。

這個 eudaimonia 的允諾，代表我們必須具備足以應付我們在生活中遇上任何挑戰的一切條件。否則我們如何能在生活變得困頓時保持快樂？因為當事情順利時，生活就很安樂，只有在事情不如我們意，或者我們遇上困難和麻煩時，生活才會變得艱難。這便來到斯多葛主義的第二項允諾：哲學能訓練我們懷著正確的心態去面對生命中的所有障礙，因而讓生活保持平穩順利。

承諾 #2：情緒復原力

「帶著冷靜的心承受試煉，能讓災難失去它的力道和重量。」

——塞內卡

「但哲學是什麼？」愛比克泰德問：「難道不是為了我們可能遭遇的事情預作準備嗎？」沒錯，他說，哲學是讓我們準備好承受可能發生的一切。「否則，將會像一個拳擊手，只因為挨了幾拳就離開擂台。」我們實際上可以離開擂台，不受影響，但萬一我們因此放棄了智慧的追求？「所以，我們每個人應該對我們遇上的每一次試煉說什麼？我的所有訓練就是為了這個，這就是我的紀律！」一個臉上挨了好幾拳的拳擊手不會離開擂台，這是他準備好要面對的，這是他的紀律。哲學家也是如此。只因為遭到生命摑打、踢擊、唾棄甚至擊昏過去，並不表示我們應該放棄然後離開，而是要重新站起來，繼續追求更好的表現。生活就是如此，就像拳擊比賽擂台，挨打挨踢都是我們報名參加時就準備要承受的，這是**我們的**紀律。

「沒受過損害的順境不堪一擊，」塞內卡說，然而一個歷經無數災難的人「已被磨練出一身硬繭」。這個人不斷戰鬥，即使跪倒在地，仍然繼續拚搏，他永遠不會放棄。斯多葛派喜歡摔角的比喻，因此馬可·奧理略說過類似的話：「比起跳舞，生活的藝術比較像是摔角。」我們得要準備好應付突來的攻擊。沒人會扭打舞者。舞者絕不可能像摔角手那樣被對手鎖喉。因此，身為戰士哲學家，我們知道生活充滿挑戰。事實上，我們甚至應該摩拳擦掌，隨時等著挨上幾拳，知道這會讓我們更加強健，讓我們身上長出硬繭。

這就是為什麼我們應該**想要**參加這場叫做人生的戰鬥，接受鍛鍊。因為我們想要變得堅強，我們想要幸福平順的人生，我們想要在生命變得艱困時依然能掌握自己和我們的行動。我們想要成為力量之塔，即使在最猛烈的攻擊中依然無可撼動。當其他人驚慌時，我們想要保持冷靜、思慮周密並且有最佳表現。

練習斯多葛主義能幫助我們發展各種對策，用來盡可能有效地處理生活帶給我們的踢打毆擊。無論我們生命中發生什麼事，我們隨時迎戰，我們已準備好承受鉤拳、側踢，絕不放棄，全力以赴。這是斯多葛哲學的允諾。然而，如果你現在臉上挨了一拳，會如何呢？你會非常激動。和任何人一樣，你可能會氣憤地回擊，或者，更可能的是，你會開始哭泣。斯多葛派認定強烈情感是我們的最大弱點，尤其當我們讓它們支配我們的行為時。它們對eudaimonia有害，是人類一切苦難的根源。不幸的是，根據斯多葛派的觀點，我們大部分人都受到**激情**，像是非理性的恐懼、哀傷或憤怒等強烈負面情緒的奴役。這就是為什麼許多人活得如此悲慘，因為我們根本不是力量之塔，我們完全無法和理想的自我和睦相處。我們的激情導致我們的表現遠遠低於自己的水平。

如果想要有符合我們的理想自我的表現，斯多葛派說，我們就必須約束自己的情感，我們必須馴服它們，不讓它們妨礙我們的美好生活。**不，謝了，我現在承擔不起恐慌的損害**。

馴服有礙進步的情緒（≠冷漠無情）

斯多葛哲學的承諾包括極度幸福的人生（eudaimonia），以及準備好有效地對付生命拋給我們的任何挑戰。然而，唯有當我們擁有情緒復原力，不被自己的情緒左右的時候，才有可能處理人生的各種挑戰。

這就是為什麼我們必須不斷學習去壓制、征服惱人的慾望和情感，如此一來，塞內卡說，黃金的閃光才不會比刀劍的光輝更加眩惑我們的雙眼，而我們才能輕易地甩開其他人所渴望和恐懼的。這種對個人情感的征服有時被稱作斯多葛「激情療法」。或許也因為這樣，愛比克泰德才會說：「哲學家的講堂是醫生的診所」。

好，如果我們想像醫生的診所裡頭有一張沙發，那麼我們自然會想到心理醫師的諮商室。在愛比克泰德的時代，當你的心智或靈魂出了問題，你不會去看心理醫師，而是去找哲學家，他們是人們首選的**心靈醫師**。斯多葛哲人是人類心靈的偉大觀察者，而且確實有許多重大的心理學洞見。例如，他們了解到，辱罵之所以傷人，不是因為它們的內容，而是我們對這些辱罵的詮釋。他們對人的心靈有相當了解，並且發展出許多可以避免、處理各種負面情緒的心理學技巧（多數技巧將在本書第二篇論及）。

儘管斯多葛主義是一種哲學，卻帶有顯著的心理學成分。它的許多理念，例如人類應當以追求**興旺繁榮**為目標，就和現代的正向心理學研究不謀而合，這是我發覺斯多葛主義極為吸引人的一點。斯多葛思想背後的科學依據不屬於本書的探討範圍，但如果你剛好看過正向心理學的書籍，你會發現兩者間的一致性（尚恩・艾柯爾，Shawn Achor）的《快樂工作學》，*The Happiness Advantage*，是絕佳的起手書）。

就像身體會有些小毛病，心靈也難免會有小問題，這點斯多葛派非常清楚。他們說，人不可能在受到非理性情感折磨的同時，還能夠擁有興旺發達的人生。因此，我們需要*apatheia*，征服這些干擾性情緒的能力。「Apathy（冷漠）」這個字就從這裡來，而這也是人們對於斯多葛派的一個典型的誤解，認為他們缺乏情感或者試圖壓抑自己的情感的主要原因。這種誤解的另一個原因來自小寫的斯多葛stoic，意思是「認命」或者「上唇緊繃」，和本書所討論的大寫斯多葛主義，Stoicism，沒有絲毫關聯。因此我們必須在這裡釐清「斯多葛派是冷漠無情」的誤解。

斯多葛主義和壓抑、隱藏個人情感或冷漠無情毫無關係。相反地，它是關於認知自己的各種情緒，思索它們是如何造成的，並且學習將它們導入正軌以求有益於自己。換句話說，它比較是關於如何讓自己從負面情緒**解脫**開來，與其說是擺脫，倒不如說是**馴服**它們。

想像強烈的情緒就像你內在的狼，一旦被釋放將力大無窮，隨時能把你拖走。情緒能引發某種行動傾向，例如當你氣憤時，你可能會捏緊拳頭、大吼大叫然後丟東西。基本上，當內在的狼發怒時，我們會讓牠接管一切，然後盲目地聽從行動傾向，盡情發洩一番。然而，斯多葛派發現我們不**需要**聽從於這種傾向。我們可以訓練自己，即使在盛怒之中也能冷靜自處，即使滿心焦慮也能勇敢地行動，即使狼將我們拖著往西走，我們也能往東行。

幸運的是，我們不必假裝狼不存在，更不需要把牠殺了（這根本是不可能的）。斯多葛派要我們馴服並且學著去了解這匹狼。當牠發怒、焦慮或飢餓時，我們不但不任由牠支配我們的行為，反而**忍住**怒火，冷靜地行動。牠愛怎麼咆哮怒吼隨牠去，我們不怕牠，照我們自己的意思去做。儘管感覺到那股行動傾向，但是狼再也影響不了我們的決定。

目的不是排除所有情緒，而是能夠**不**受它們的壓制，不管它們力量有多強大。我們感覺得到情緒的狼，但我們站穩腳步，不被牠拖往另一個方向。「好吧，狼就快抓狂了，但那又如何？」我們對自己說。我們超越自己的情緒，我們聽得到牠嚎叫，但我們知道我們既不需要聽，也不必跟著起舞。

斯多葛奉行者並不是一群鐵石心腸、沒感情的人。他們認知到慾望和情感是自然的一部分，但我們有能力超越它們，不會（太）受到它們的擾亂。「沒有別的學派有更多良善和溫柔，對人類有更多的愛。」塞內卡說。「它分派給我們的目標是做個有用的人，去幫助他人，不只要照料自己，也要照料每個人。」斯多葛派確實關懷他們的親人和同胞，只是他們習於馴服自己的情感，以免被它們不合理地壓制。就如塞內卡說的，「忍受原本就沒有的感覺」並沒有什麼了不得。斯多葛作家唐諾．羅勃遜對此有很好的解說：「勇者不是沒經歷過一絲絲恐懼的人，而是**不顧心中憂慮，依然勇敢行動的人**。」

斯多葛派要我們征服自己的激情，方式是變得比它們更強，而不是消滅它們。我們將會經常感覺到情緒的狼冒出頭來，但我們可以訓練自己去認清我們想要隨之起舞的**傾向**，然後審慎地**選擇**是不是要追隨牠。斯多葛主義能幫助我們較少受到負面情緒的困擾，同時體驗較多像喜悅、寧靜之類的正面情緒。然而必須要注意的是，對斯多葛派來說，這些正面情緒比較像是**附加紅利**，它們本身並不是動機。現在讓我們來進一步討論寧靜這項練習斯多葛主義的副產品。

練習斯多葛主義，獲得心靈寧靜的副產品

也許令人意外，不過斯多葛主義其實是一種相當歡樂的人生哲學。研讀斯多葛書籍，你會發現許多十分懂得享受人生的快活、樂觀的人們。他們並非冷漠無情，他們只是認知到強烈情緒是自己的弱點，會妨礙他們盡情生活。

記住，人生的最終目標是eudaimonia，透過在每一個當下時刻表現出理想的自我，活得繁榮興旺而帶來的幸福、平穩順利的人生。倘若你被情緒的狼奴役，你會驚慌並且順從於遠遠低於你能力水平的行動傾向。這就是為什麼斯多葛派要我們將強烈情緒對我們人生的影響降到最低，要我們馴服這匹狼，以便能時時刻刻掌握方向盤，而不是讓狼隨時等著來接管一切。唯有如此，我們才能表現出最佳的自我，最終擁有幸福平順的人生。

因此，當我們不受自身情緒的奴役，我們便可以時時刻刻表現出最高版本的自我。當我們做到這點，也就根本容不下懊悔、恐懼或不安了。結果伴隨而來的是一種極為有益的副作用——寧靜。在緊張忙碌的當今世界，這正是許多人追求的，能夠在一片紛擾之中保持鎮靜，

擁有自信。如果我們練習斯多葛主義，這正是我們會獲得的副產品。說它是副產品，因為它並不是斯多葛奉行者原本追求的東西。他們尋求的不是寧靜，他們尋求的是 eudaimonia，而寧靜只是附加（而且討喜）的紅利。因此為了得到寧靜而練習斯多葛主義，並不全然符合它的主張。

可是寧靜到底是什麼？塞內卡在他的著名書信中提到 *euthymia* 的力量。他告訴我們，euthymia 可翻譯為寧靜，是關於了解自己的人生道路，然後堅定往前走。那是當我們徹頭徹尾地相信自己時才會有的一種感覺。你充滿自信，知道自己的所作所為是正確的，不需要左顧右盼，聽別人有什麼話說。你不需要老是猜測或者拿自己和別人作比較。你相信自己的所作所為，因為你總是全力以赴，遵循自己的價值觀而活，而且明白你只能這麼做。

那是當你遵照自己的最高價值，活出真正的自我時，就會有的一種平靜的自信感。你會得到心靈的平靜。塞內卡說，因為你擁有一種不變的生活準則，不像其他人「不斷在舉棋不定的抉擇中起起伏伏，在患得患失的困境中浮浮沉沉。」

斯多葛主義能給你許多可以牢牢抓住的錨，讓你可以找到人生的道路，篤定地往前走。這會使得你獲得內在的寧靜，一種無所不在的沉著自信，即使當生活變得艱難、使出它最凶狠的掃踢和拳擊時也不例外。因為你對自己所做的一切了然於心。你擁有內在的安全感，知道自己的所作所為是正確的，而且無論發生什麼事，你都堅定穩固有如力量之塔，沒有什麼能將你撼動。

第二章

一堂速簡歷史課

「當我遭逢船難，我經歷了一趟豐富旅程。」

——季蒂昂的季諾（Zeno of Citium）

時間大約是在西元前三二〇年。一名腓尼基商人在塞浦路斯和希臘半島之間的地中海海域遇上船難。他失去他所有的骨螺染料（一種用骨海螺提取出來的極具價值的紫色染料，等於失去他的所有財產。）我們談的是季蒂昂的季諾，這個人，多虧了這次船難，將在多年後成為斯多葛主義的創建人。

季諾的父親也是一名商人，經常在旅程結束回家時帶回從希臘雅典城買來的書籍。也許這是為什麼在那次海難之後，季諾去了雅典，找了家書店坐下，開始讀起了大約在一百年前傳道的雅典哲學家蘇格拉底的相關書籍。季諾大為驚嘆，問書商哪裡可以找到像蘇格拉底這樣的人。書商往剛巧經過的犬儒派學者克雷茲（Crates the Cynic）的方向一指，說：「跟著那個人走就對了。」

季諾真的跟著克雷茲，當時的頂尖哲學家走，並且成為他的門徒多年。季諾很慶幸他的人生發生轉折，說「做得好，命運女神，如此引領我認識哲學。」後來，回顧他人生中的那段海難期間，季諾評論說：「當我遭逢船難，我經歷了一趟豐富的旅程。」

附註：這個有趣的船難故事是在季諾死後一百五十年左右，由希臘自傳作家第歐根尼．拉爾修（Diogenes Laertius）在他的著作《知名哲學家的生平》（*Lives of Eminent Philosophers*）中提到的。這則故事有多種不同版本，相關日期也不一致而且相互矛盾。因此我們無法確定這故事究竟是否為真，或者只是一則極吸引人的斯多葛主義創建故事。

跟隨克雷茲研習了一段時間，季諾決定轉而向其他知名哲學家學習，多年後，大約在西元前三〇一年，他創建了屬於自己的學派。起初，他的追隨者被稱為季諾學派（*Zenonians*），但是後來以斯多葛派著稱，因為季諾經常在*Stoa Poikile*，也就是「彩繪長廊」講學。那是一座位於雅典市中心、裝飾著許多歷史性戰爭繪畫的著名柱廊。斯多葛主義就此誕生。不同於其他哲學學派，斯多葛門徒們仿效他們崇拜的蘇格拉底派學者，在這條屬於戶外公共空間的長廊聚集，讓所有人都能聽講。因此，斯多葛哲學是一門同時屬於文人和一般人的哲學，可以說是一種「市井哲學」（philosophy of the street）。

一如上述，斯多葛主義並不是憑空出現的，它的創建者季諾和早期的斯多葛派受到許多不同哲學學派和思想家的影響，尤其是蘇格拉底派、犬儒派（像是克雷茲）以及學院派（柏拉圖學派）。斯多葛派借用了蘇格拉底的問題：如何才能擁有美好的人生？他們致力於將哲學**應用在**日常生活中的各種挑戰、培養好的品格以及成為更優秀的人類——懂得生活，關懷他人和大自然。有一件斯多葛派從犬儒學派演變而來的事情是，他們揚棄了犬儒學派的禁慾主義。不同於犬儒學派，斯多葛派贊同一種允許單純的安適的生活型態。他們主張人應該享受生命中的美好事物而不依戀它們。就如馬可·奧理略後來說的：「如果你必須住在宮殿裡，那麼你也能在宮殿裡生活得很好。」這種對舒適生活的默許，使得斯多葛主義更具吸引力，當時如此，今天當然也是。

季諾死後（順便一提，雅典人對他極為尊崇，還為他造了一座銅像），斯多葛學派仍然保有它在雅典哲學學派（連同其他學派）當中的領先地位，直到西元前一五五年，古希臘哲學界發生一樁大事——斯多葛學派掌門人（巴比倫的第歐根尼）和其他學派的代表人物被選派為大使，代表雅典到羅馬去參加和羅馬的政治協商會議。儘管協商本身十分無趣，然而這次的造訪可不同。雅典人進行了密集演講，在保守的羅馬人之間激發出一份對哲學的關注。藉由它的大群知名學者，斯多葛學派成為羅馬的一門蓬勃發展的學派。這些學者包括塞內卡、穆索尼烏斯·魯弗斯（Musonius Rufus）、愛比克泰德和馬可·奧理略（稍後會介紹他們），而他們的著作也是今天研究這門哲學的主要文獻來源。

接下來將近五個世紀中，斯多葛主義成為最具影響力、最受尊崇的哲學學派之一，被許多追求美好人生的人們付諸實踐，無論貧富、貴賤。然而，在它的多位知名導師魯弗斯、愛比克泰德和羅馬皇帝奧理略死後，斯多葛學派逐漸式微，亟待復興。因為缺少魅力型導師，加上基督教的興起，使得這門曾經引領風騷的哲學風光不再。

然而，斯多葛主義的觀點屢屢出現在笛卡爾、叔本華和梭羅等歷史哲學家的著作中，而且巧妙進入了像你我這樣的凡夫俗子（沒有冒犯的意思）的生活當中。斯多葛主義的這次捲土重來可以回溯到維克多·弗蘭克（Viktor Frankl）的「意義治療法」（Logotherapy）以及艾里斯（Albert Ellis）的「理性情緒治療法」（REBT, Rational Emotive Behavior Therapy），兩者都受到斯多葛哲學的影響。近幾年，皮耶·阿道（Pierre Hadot）、威廉·厄文（William Irvine）、唐納·羅勃遜等多位作家，尤其是萊恩·霍利得（Ryan Holiday），更加速了斯多葛主義的復興。

重要斯多葛哲學家

環顧四周，你夾雜在數千個興奮的觀眾當中，這些人揮舞著旗幟，為自己喜愛的、在馬克西穆斯競技場的跑道上向前奔馳的戰車騎士狂呼加油。鏡頭拉遠，往北走半哩，接著鏡頭拉近。嘩！在你的正前方，一名格鬥士正和一頭獅子在纏鬥；在你右方，另一個格鬥士舉起標槍對著你；左邊，一頭巨大的象衝著你狂奔而來！在這樣激烈刺激的時期，我們的幾位要角傳授、實踐著斯多葛哲學。儘管哲學遠遠不如羅馬競技場中的血腥戰鬥（人被大象踩踏）來得刺激，流傳直到今天的卻是哲學。這是有道理的，接下來幾章將會說明。

現在我們要介紹著作、教學傳承近兩千年之久，並且成為今日斯多葛哲學基礎的四位羅馬斯多葛哲學家：塞內卡（Seneca）、穆索尼烏斯・魯弗斯（Musonius Rufus）、愛比克泰德（Epictetus）和馬可・奧理略（Marcus Aurelius）。據說關於斯多葛哲學的著作超過千種，但只有少數幾本流傳下來，主要是上述幾位名家的著作。

幸運的是，這些睿智（但也有缺點）的人並非住在深山洞穴裡。他們全都和社會緊密接觸，而且努力要讓世界變得更好。你將認識一位富可敵國的劇作家以及相當於現代實業家的人物，你將認識一位早期的女性主義者和一位受到羅馬皇帝的賞識，後來成為世界性偉大人物的跛足奴隸。對這四位斯多葛哲學重要代表人物的精彩生平以下予以簡單介紹。

塞內卡（西元前 4 年～西元65年）

「倘若人不知自己要航向哪個港口，風也幫不了忙。」

——塞內卡

最具爭議性的斯多葛哲學家盧修斯・阿奈烏斯・塞內卡（Lucius Annaeus Seneca），人稱小塞內卡或塞內卡，約在基督的年代生於西班牙哥多華（Cordoba），在義大利羅馬受教育。他是聲譽卓著的古代作家之一，他的許多散文和私人書信流傳至今，且被視為斯多葛哲學的重要文獻。這些著作非常貼近我們的生活，因為他把重點放在斯多葛主義的實用面向，小到關於如何進行一趟旅行，如何面對逆境以及它引起的悲傷或憤怒等情緒，被宣判死刑時如何自處（他被皇帝賜死），如何應付財富（這方面他經驗太豐富了）和貧窮。

塞內卡擁有不凡的一生，是一旦被嚴密檢視時會引發許多問題的一生。除了他那些直到將近兩千年後的現在依然廣為流傳的書信，他個人也因為更多別的理由而被寫入歷史書當中。他是一位成功的劇作家，多虧了高明的財務經營而致富（可說相當於現代的企業家或投資家吧）。他因為被控與皇帝的姪女通姦，被放逐到他形容為「荒蕪而多荊棘岩石」的科西嘉島。順便一提，這是一個以景致豐富秀麗聞名的熱門度假勝地。經過八年流放生涯，皇帝的新任皇后指定塞內卡擔任其子尼祿的導師。

當尼祿繼位為皇帝，塞內卡升格為他的顧問，並且成為羅馬帝國的巨富之一。根據作家納西姆・塔雷伯（Nassim Taleb）在他的著作《反脆弱》（*Antifragile*）一書中花了一整個篇章介紹塞內卡的說法：「他的財產高達三億銀元（為了讓你有個概念，在大約同一時期，猶大為了相當於一個月薪水的三十塊銀元，背叛了耶穌）。」身為一名倡導淡泊名利的哲學家，卻同時擁有這般財富，是塞內卡時而被稱作偽君子的原因所在。另一個引發爭議的事實是，他是皇帝尼祿的導師、顧問，尼祿是一個放縱、殘暴的君王，殺害了自己的母親和好幾個人。在西元六五年，尼祿下令要塞內卡自戕，因為據說他涉入一樁反尼祿的陰謀。

不管是不是偽君子，塞內卡度過了充滿財富和權勢，但也充滿哲學和內省（他非常清楚自己並不完美）的動盪一生。斯多葛主義影響了他一輩子，而且充塞在他的許多富有啟發性且鼓舞人心的書信當中。這些信的內容我也將在本書中大量引用。

穆索尼烏斯·魯弗斯（Musonius Rufus，西元30~西元100年）

「既然每個人皆難免一死，與其活得久，不如活得榮耀。」

——穆索尼烏斯·魯弗斯

四大古羅馬斯多葛哲學家當中最不為人知的穆索尼烏斯·魯弗斯，他在自己的學堂開班授課。我們對他的生平和學說知道的不多，因為他沒費心把它們寫下來。所幸，穆索尼烏斯的門生路修斯（Lucius），在他講道時勤作筆記。魯弗斯鼓吹實用、生活的哲學。如他所說：「就像醫學研究，除非能帶來人的身體健康，可說毫無用處；哲學也一樣，除非能增進人類心靈的美善，任何哲學學說也毫無意義。」他提出許多關於飲食習慣、性生活、如何得體地穿著、如何善待父母的詳盡忠告。除了主張哲學應該具有高度實用性，他也認為它應該放諸四海皆準。他主張，無論女人或男人都可以從教育和哲學研究中受益。

穆索尼烏斯．魯弗斯是當時最傑出的斯多葛導師，而他對羅馬影響極大，大到讓暴君尼祿難以忍受，因而在西元六五年將他流放到希臘的伊亞羅斯島（沒錯，放逐在古羅馬是常有的事）。塞內卡對科西嘉島的形容，「荒蕪而多荊棘的岩石」其實更適用於伊亞羅斯島，因為當時（今天亦然）它確實是一座沙漠般的荒島。西元六八年尼祿死後，穆索尼烏斯回到羅馬，七年後再度遭到流放。他死於西元一百年左右，留下的不單只有路修斯的珍貴筆記，還有他最知名的一位學生愛比克泰德。如我們接下來會讀到的，這位弟子後來也成為極具影響力的斯多葛導師。

愛比克泰德（Epictetus，西元55~西元135年）

「不要解說你的哲學，去體現它。」

——愛比克泰德

愛比克泰德是出生在希拉波利斯（Hierapolis，今天的土耳其棉堡）的奴隸。他的真名，如果有的話，不詳。愛比克泰德（Epictetus）的意思就只是「財產」，或者「買來的東西」。他被一位名叫伊帕弗戴特斯的富有自由民（意思是他原本也是奴隸）買下，這人在羅馬擔任尼祿皇帝身邊的書記，而羅馬也成為愛比克泰德度過少年時期的地方。他瘸了一條腿，可能是天生，或者被之前的主人所傷。伊帕弗戴特斯待他非常好，而且讓他跟著羅馬最知名的導師穆索尼烏斯．魯弗斯學習斯多葛哲學。

西元六八年尼祿死後不久，愛比克泰德被主人釋放，這是羅馬人施行於聰慧、受過教育的奴隸的一種慣例。他創建了自己的學院，傳授斯多葛哲學近二十五年，直到圖密善皇帝（Emperor Domitian）將所有哲學家逐出羅馬的歷史大事發生。愛比克泰德逃亡，並且把他的學院遷移到希臘的尼科波利斯（Nicopolis），在那裡靠著少量財物過著簡樸生活。圖密善皇帝被刺殺後，斯多葛主義找回它的威望，受到羅馬人的熱愛。愛比克泰德身為當時頂尖的斯多葛大師，原本可以回到羅馬的，但他決定留在尼科波利斯，在西元一三五年左右於該地過世。儘管位在海外，他的學院吸引了來自羅馬帝國各地的學生，傳授他們許多知識，尤其是如何在生命最困頓的關頭依然保有寧靜和尊嚴。

如同他的導師穆索尼烏斯．魯弗斯，愛比克泰德也沒有留下任何手跡。所幸，他的學生當中也有個怪胎——阿利安，筆記寫得超認真，出了一本著名的《語錄》（*Discourses*），關於愛比克泰德教學的一系列精華摘錄。（這會兒輪到我這個怪胎，試圖把斯多葛主義的所有學說整理成一小本書……）此外阿利安還選編了一本小書《手冊》（*Enchiridion*），是《語錄》

中最重要信條的概要。*Enchiridio*通常被譯為手冊，但它的字面意思是「隨手可用」，說是手冊，倒比較像匕首，隨時準備應付生命中的各種挑戰。

馬可·奧理略（Marcus Aurelius，西元121~西元180年）

「我真覺得不可思議：我們都愛自己甚過愛別人，卻在意別人的意見甚過在意自己的。」

——馬可·奧理略

「別再浪費時間爭論一個好人應該如何。做個好人吧！」這話可不是哪個笨人寫下的，而是出自一個罕見的哲學家皇帝典範，同時也是當時全球最具權勢的人物馬可·奧理略，具傳奇性的羅馬帝國皇帝。他是所有斯多葛哲學家當中最富盛名的，而他的《沉思錄》（*Meditations*），是他寫給自己（類似日誌），用來自我導引、自我精進的十二本一系列小書，被譽為史上最偉大的哲學著作之一。

少年時期的馬可，據說不只喜歡摔角、拳擊和打獵等活動，也喜歡哲學。他跟著好幾位哲學家學習，其中一位借給他的一本愛比克泰德的《語錄》，成為對他影響最大的一本書。

十六歲那年，哈德良皇帝收養了馬可的舅舅安東尼努斯，而安東尼努斯也反過來收養馬可（他的生父在他年幼時就死了）為義子。當馬可進入宮廷生活，他並沒有被政治權力沖昏頭（他很清醒），不管是作為養父安東尼努斯的共治皇帝，或者在養父死後繼任為王。首先，他在權力和金錢的使用上展現了極大的自制。再者，儘管他對斯多葛哲學興趣濃厚，卻並未運用他的權力去鼓吹斯多葛主義，向羅馬同胞宣揚實踐它所帶來的各種好處。他是一位賢明的君主，統治期間從西元一六一年直到一八〇年他過世，並躋身羅馬帝國前後連續繼位的五賢君（Five Good Emperors）的末位。

第三章
斯多葛幸福三角

「烈火把向它投擲而去的一切變成了火焰和亮光。」

——馬可．奧理略

談夠了歷史，也該切入斯多葛主義的核心了。這些傑出的哲學家究竟都信仰、傳授些什麼呢？他們有什麼做法，可以信守自己對幸福圓滿、平穩順利人生的承諾？他們的信念如何能讓我們從容面對人生加給我們的所有挑戰？而我們又如何馴服自己的七情六慾，成為一座無可撼動的力量之塔？很簡單，你只要到真實世界中，像個戰士哲學家那樣鍛鍊自己。但首先，你需要知道遊戲規則，你需要知道奮戰的目標是什麼，你也需要知道該往哪個方向去。

這些都是你將在本章中學到的斯多葛主義的核心信念。

好啦，你或許會想，這還不容易嗎？**說吧，這些核心信念是什麼**？我初次接觸斯多葛主義時，也是這麼以為。我很快迷上，讀了一堆相關的書，然後把這門很炫的哲學告訴一票朋友。可是他們很想知道它究竟是什麼，我卻解釋不出個所以然。我了解到，儘管讀了大堆書籍，我對斯多葛主義幾乎一無所知。我連正確地向朋友解釋都辦不到。

結果就是，要對這門哲學提出一個簡單的概述並不容易。那些原始文本，包含講學筆記、私人書信和日誌紀錄，畢竟無法像教科書那樣提供明確的解答，而且我發現，就連現代著作也都缺乏淺顯易懂的解釋。通常是綜合性的斯多葛精彩觀點介紹，當然值得研究，但總是沒能提出一種可供依循的簡易概觀。

基本上這正是斯多葛幸福三角這個構想的緣起，它能讓你對斯多葛主義核心理念有個簡單的概觀。看了這個三角圖形，你便可以了解，也能解釋斯多葛主義的幾個最重要的面向，就算對五歲小孩解說也沒問題。這是我所能提出、用來呈現斯多葛哲學的最佳辦法，一種結合了古代和現代文學的簡單、視覺化的方式。希望你能從中受益。但要記住，斯多葛幸福三角並不是斯多葛哲學家原本教導的東西，它是我將他們的核心學說加以視覺化的產物。

斯多葛幸福三角簡述

幸福：三角的中心是幸福（eudaimonia），也是所有古代哲學家一致同意的人生終極目標。

擔起責任
Take Responsibility
Eudaimonia
幸福
Live with
Areté
過美德生活
Focus on What
You Control
專注於你能掌控的

就如第一章提到的，這是斯多葛哲學的主要承諾，也就是擁有無上幸福、平穩順利的人生，在生命中**繁榮興旺**。基本上這是每個人都想要的，繁榮發達、活得幸福，對吧？因此它位在斯多葛幸福三角的中心。還記得它的希臘字源吧？它的意思是，和你的內在*daimon*，也就是你的最高自我，維持良好（*eu*）關係。我們該如何做到這點？方法是活出卓越。

過美德生活：在每一刻表現出你的至高自我。如果我們想和自己的最高自我保持良好關係，我們就必須填補我們有能力做到以及我們實際上的行為兩者之間的缺口。這事實上關係到在當下表現出最佳版本的自我，關係到在我們的行動中運用理性，並和各種深刻的價值和諧共處。顯然這是知易行難。而達成這個遠大目標的方法是明辨善惡，專注在我們能夠掌控的事情上。

專注於你能掌控的：這是斯多葛主義最重要的信念。無論何時，我們必須專注在我們掌控得了的事情上，其他事情發生時則要坦然接受。已經發生的事必須接受，因為我們沒有能力改變它。我們能力所不能及的事，對我們的繁榮成功根本不重要。對我們的繁榮成功十分重要的是，我們在特定的外在環境下選擇去做的事。因此不管遇上什麼狀況，我們總是可以試著隨遇而安，和我們的理想自我和諧共處。

擔起責任：善惡都只來自你自己。這一角跟隨著前兩個角：外在事物對美好生活無關緊要，因此，過美德生活是你能力可及的，並已經足以讓生活繁榮興盛。而且你必須為自己的生活負責，因為每一樁你無法掌控的外在事件，都提供了一個你可以掌控的領域，也就是你

選擇去回應此一事件的方式。這在斯多葛主義極其重要，讓我們開心或難過的不是事件本身，而是我們對這些事件的詮釋方式。這正是力量之塔誕生的時候，你決定不讓外在事件支配你的那一刻。

當然這只是三角的外廓，我們也只摸到一點皮毛。在接下來的章節中，我們將以各種說明性的概念和比喻，仔細檢視每一個角，我們將認識那個阻礙許多人在每一個當下展現出至高自我的壞蛋。但首先，我們來回顧一下衝浪的比喻。

接下來是你的第一堂衝浪課，開始時最重要但不怎麼有趣的理論部分。**啊，又來了……**有些自作聰明的傢伙不顧警告，直接衝進水裡了。這是常有的事。妙就妙在這裡，等我們在這兒談完理論，然後你才下水，你會表現得比他們好得多，因為他們欠缺基本功，這時你得瞧瞧他們的表情，真有趣！無論如何，有些人會提早上岸，因為他們發現自己欠缺某些東西，不然就是傷到了自己。總之，先不管那些逃走的傢伙，你很快就能下水了。這會兒先在沙灘上，預備，開始！

①過美德生活：時時刻刻表現出至高的自我

「好的品格是長久、無憂無慮的幸福生活的唯一保證。」

——塞內卡

斯多葛幸福三角的第一角是**活在 Areté 中**。這個希臘字的傳統譯法是「美德」或「卓越」。我喜歡布萊恩．強生（Brian Johnson，主持 *optimize.me* 網站的哲學家）對 *areté* 的譯法：「時時刻刻展現出最高版本的自我」。基於這個更為深刻的字義，也基於它顯然是希臘文化的至高理想之一，且讓我們採用這個原詞作為幸福三角的第一角的名稱。必要時我們也會使用常見的譯法「美德」，這點請牢記。

位於三角中心的是斯多葛主義的終極目標：eu-daimon-ia，也就是擁有幸福而平穩順利的人生。為了達成這個目標，我們必須和我們的內在 *daimon*，最高版本的自我、我們與生俱來的潛能，保持良好（*eu*）關係。無論你做什麼，想像有兩條線，較高的那條是你**有能力**做到的，較低的那條是你**實際上**的表現。所謂「活在 Areté 中」就是努力達到較高的那條線，在此時此刻盡力表現出你最好的一面。這就是實現——

最高版本的自己，就是和你內在的至高自我保持良好關係，也就是當你獲得一種名為 eudaimonia 的幸福而平穩順利人生的時候。

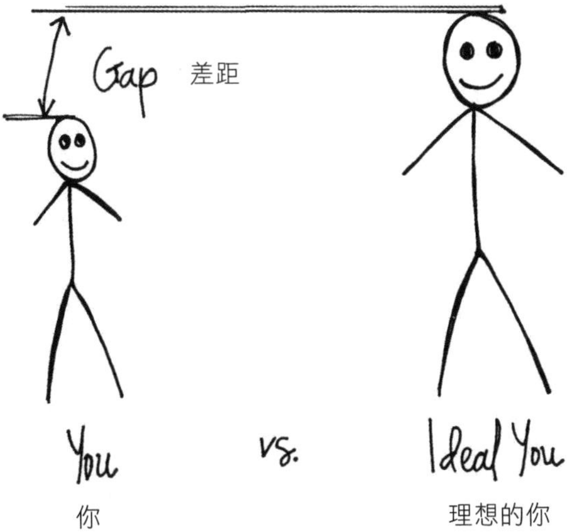
Gap
差距
You
你
vs.
Ideal You
理想的你

話說這種至高自我的完美實現，若是在單一狀況或是在我們想像中，或許並不難表現出來，可是一旦把我們拉進真實世界，可就窒礙難行了。但是沒關係，這正是我們要討論的，學習關於自身的種種，以及如何在每一個當下時刻表現出最高版本的自我。就因為這樣我們才要努力變得更好，因為這樣我們才要努力增進自己的品德。不妨把 areté 或美德看成一種能幫助你無時無刻都有適當表現，以便你的行動和你的至高自我，例如勇敢、自律、慈悲，能夠和諧共處的智慧或力量。美德是幫助你填補你實際上所做的，以及你有能力做到的兩者之間的缺口的東西。缺口越大，你距離幸福也就越遠，你的情況也越糟。因為，在缺口的暗處，它們由懊悔、焦慮和灰心喪志所帶領的一群壞蛋，正在那兒伺機而動。

好吧，美德關係到在每一刻努力做到最好。如果你做得到這點，你就能和你的至高自我保持良好關係，進而擁有幸福、平順的人生；倘若你無法表現出最佳版本的自我，將會讓悔恨、焦慮有機會從暗處爬出來，散播痛苦。明白這點非常重要，可是老實說，這並沒有太大幫助。我是說，我們不都想要有最好的表現？（我是真心這麼希望。）好，除了**過美德生活**，斯多葛派還有另一個同樣用於表現出至高自我目標的金句：**順應自然**。現在就讓我們加以闡明，看看我們是否會因此變得聰明些。

自然潛能的圓滿

斯多葛派相信，大自然**要**我們活得興旺。這是為什麼內在daimon——我們的至高自我，有如神聖種子那般被植入我們所有人之中，好讓我們的**自然潛能**，包含了能夠成為最佳版本的自我成分。如同穆索尼烏斯．魯弗斯說的，我們全都「天生擁有一種美德的傾向。」換句話說，去完成神聖種子啟動的工作，喚醒我們的人類潛能，原本就是我們的天性。因此，人的美德取決於身為人類的卓越，以及他們將自己的自然潛能發揮得多徹底。那麼，所謂擁有美德，就是照著自然為我們設計好的生活方式去生活。而**順應自然**這句斯多葛警語也就是這麼來的。

簡單地說，對所有生命而言，美德都是同樣的東西，他們自身天性的圓滿完成。因此，過美德生活，基本上就是完成我們的天性。沒有這份圓滿，我們便有所欠缺，而我們的生活也將無法臻於完善。顯然，倘若我們不順著我們的內在潛能去生活，我們將永遠不會圓滿。

我們來看一個自然界的例子。葡萄種子的自然潛能是長成葡萄藤，結出葡萄。因此當一顆葡萄種子藉由長成葡萄藤並且結出葡萄，而完成它的自然潛能時，它便**過著美德生活**，或者**順應了自然**。

就像對葡萄藤來說，只要結出葡萄便足以達成美好生活，我們也只要在每一個當下時刻展現出最高版本的自我，也就夠了。就這麼簡單，要達成美好生活不需要任何身外之物，不需要海灘別墅，不需要鑽戒，不需要高級瓷盤，大體上不需要任何沒有被植入我們之中作為自然潛能的東西。這正是斯多葛主義吸引人的地方。擁有美好生活的潛力存在我們所有人之中，無論貧或富、健康或病弱、美得像模特兒或美得像別的。我們全都可以獲得美好生活。但我要稍微超前，先來了解一下斯多葛幸福三角的第二角所揭示的，關於外在事物有多麼微不足道的概念。

你的自然潛能就藏在你的最高版本的自我中。然而不只這樣，斯多葛派主張，人和動物的最顯著不同，就在人運用**理性**的能力。斯多葛導師愛比克泰德解釋，將我們和野獸、綿羊區隔開來的是我們的**理智**成分，而不是赤裸的皮膚、較弱的骨骼或者缺少尾巴；當我們憑著衝動、不假思索地採取行動時，便抹煞了我們的獨特人性，落入綿羊的狀態。他問：「當我們的**行動**充滿好戰、惡意、憤怒和粗蠻，難道不是背離人性，成了野獸？」

愛比克泰德的意思是，我們運用理性的能力是我們必須去完成的自然潛能的核心，而最好的方式就是透過我們的行動，在每一個當下時刻把它表現出來。一方面，運用理性的能力是我們最珍貴的天賦，而如果我們在生活中善用它，便能擁有幸福平順的人生，就像結出葡萄的葡萄藤。另一方面，它是我們最沉重的負擔，因為，倘若我們**沒能**加以善用，我們將會落入野獸的層次，否定自己的人性，而且將無法擁有幸福人生，就像一株長不出可吃的葡萄的葡萄藤。

而且，對斯多葛派而言，不斷盡力表現出最好的自己是**合理**的。我們全都擁有理性的種子，深植在內心的至高自我的種子。因此，我們都有潛力可以過一種品德高尚的生活，也就是一種由理性表現出理想自我所主導的生活。這種表現方式通常顯示在對我們自己和別人有益的正直、值得欽佩的行動上。如前所提，對所有生命來說，美德是他們自身天性的完成，那麼就人類而言，美德是**理性的完成**。換句話說，過美德生活也就是在每一刻展現出我們至高自我這件事的圓滿達成。記住，活在 areté、美德、理性中，以及順應自然，全都是同一個目標的不同表現方式。

在斯多葛哲學中，理性的完成顯然不只包括**理智的**，同時也包括對我們同胞的各種義務之類的**社會性**行為，例如孝敬父母，和朋友相處融洽，關注全人類的福祉。因此，身為理性**以及**社會性生物，我們應當運用理性，將我們的至高自我表現在三個主要生命領域：

- **我們的心智**：身為擁有理性思考能力的人類，我們應當合理、明智地思考自己的各種行為，隨時盡力表現出最好的自己。
- **對他人**：身為天生懂得彼此關懷的人類，我們應當努力和他人和諧共處，為增進全人類福祉作出貢獻。
- **對天地萬物**：身為浩瀚宇宙中的成員，我們應當和大自然和諧共處，平和地接受一切無常，盡可能智慧地作出回應。

我了解，這些關於 areté、美德、理性以及完成自然潛能的說法極為抽象，不容易讓人清楚理解，真正實行起來會是如何。幸運的是，斯多葛派用了一種簡單明瞭的美德分類法，它將美德區分成被稱為四大**基本美德**的四種理想性格特徵。但是在我們討論它們之前，我們要先來聊一下斯多葛**聖人**（Stoic Sage），斯多葛派用來描繪極度睿智良善之人，可說是完人的一種假設性典型。

你或許會懷疑，**人真的有可能時時刻刻表現出最好的自己？**不，不可能。所以斯多葛派才會用聖人作為一種典範，因為世上沒有完美的人。斯多葛派認為我們不需要完美無缺，但我們起碼可以努力讓自己做個好人。這是為什麼他們沉思著聖人，他們想努力變得一樣好，和聖人一樣達到完美的幸福境界。「他和自己、其他人類和大自然和諧共存，合而為一。」唐納．羅勃遜描述說：「因為他追隨理性，豁達地接受自己的命運，即使它不是他所能掌控。他超越了非理性慾望和情感，獲得心靈的寧靜。他的品德絕對令人稱頌，高尚且美麗。」

無怪乎聖人是一種假設性的理想。但斯多葛派認為，有個可以景仰以及比較、看齊的對象，是很有益處的。聖人讓我們比較容易去想像那個理想的自我，同時可以發揮類似路標的功能，為我們指引方向。現在就來看看讓我們可以據以努力表現得像個聖人的四大美德。

四大基本美德

你和我，當我們不斷朝著美德生活邁進，距離美好生活的共同目標也就越來越近。我們可以透過斯多葛派沿用自蘇格拉底哲學的四種主要品格特徵來加以評估進步的狀況。他們將美德區分為智慧、正義、勇氣和自律四大基本美德。遵循這些特質去生活，可以養成堅強的性格，讓你大致上都能採取高尚、可敬的行動，就如聖人一樣。相反的幾種不道德、邪惡的性格特徵被稱為四大**基本罪惡**。*Kakia* 是美德（areté）在希臘文中的反義字，它會造成一種表現出可恥、無知行為的軟弱性格。現在讓我們來逐一檢視這些特質。

智慧是指了解該如何適當地行動、感受。智慧包括絕佳的思慮、合理的判斷、洞察力和良好的理解力。它的反面是愚蠢、思慮不周等惡習。

正義是指知道在我們和他人的關係中，該如何妥當地行動和感受。正義是好心腸、正直、公共服務和公平。它的反面是作惡和不公不義的惡習。

勇氣是指知道在面對可怕情況時，該如何正確地行動和感受。勇氣包括英勇行為、堅持不懈、真誠和自信。它的反面是怯懦的惡習。

自律（節慾）是指知道該如何正確地行動和感受，不管有多少強烈慾望、內心的抗拒或肉慾等情感。自律包括整潔有序、自我節制、寬恕和謙讓。它的反面是放縱的惡習。

這些絕對都是值得去追求的性格特徵，對吧？如果你和我有幾分相似，應該會直覺認為這些特徵十分合情合理，即使跨越不同宗教和文化，我們都很重視身邊的人和我們自己身上的這些特徵。當你檢視這些特徵，或許會覺得自己在**正義**方面表現不錯，因為你一向公平公正地對待他人，但在**自律**這項就不怎麼樣了，因為你常掙扎著不願放下那一杯 Rioja 紅酒。好，儘管你在某幾項很擅長，在另外幾項表現較差，是完全說得通的，可是對斯多葛派而言，只有全部合格才算數。美德是要麼沒有、要麼全部的一整套東西。

斯多葛派有個類比可用來解釋這件事：某人可以是一名詩人，一名雄辯家**以及**一個將軍，但同時他仍然只是**一個**人。因此，這些美德也同樣合而為一，但又可以分別應用在不同的行為領域。所以說，這個人可以是一位出色的詩人、一位不錯的雄辯家和一個糟糕的將軍，但重要的是這整個人，而非他在各個相關領域中的單一表現。仔細想想，這種要麼沒有、要麼全部的套裝概念十分有道理。畢竟，我們不會把一個高度自律、勇敢的銀行搶犯稱作品德高尚的人。

完美品德是只有聖人才能達到的理想，但令人鼓舞的是，你明白重點在於你是一個整體的存在。作為一個完整的人，你可以成長、成熟，不管有沒有人觀察你的道德行為，只要不斷進步、盡力成為最好的自己也就夠了。因此，美德基本上是一種**實用的**智慧：**知道**怎麼做是得體的，並且確實去**做**。要記住，就像葡萄藤在最初幾年無法生產甜美的葡萄，而且即使在全盛期都可能會結出一些酸葡萄，你呢，只要努力成為最好的自己，你就會越來越好，但同樣地你也會不時表現出若干缺點。這種不完美是完全自然的，也是斯多葛派常在他們生命中觀察的東西。

這是塞內卡的親身實例：「當天光暗下，我的妻子熟知我的習慣而安靜下來，我開始回顧我的這一天，檢視著自己的所言所行。」塞內卡每晚都在自己的法庭為自己抗辯，並且在他的書信《談憤怒》（*On Anger*）當中分享了幾個例子。我最喜歡的一個故事是說在某個場合，他因為自己沒被安排坐在他認為自己應得的上位而惱火。他花了一整晚對安排座位的主人以及那些坐在他上位的賓客生悶氣。「你這傻子，」他在日誌中寫道：「你把你的體重放在沙發的哪個部位，又有什麼差別呢？」

重點是，永遠沒有任何人能夠一言一行都完美無瑕，只要我們盡了全力，那就夠了。這世界並不是非黑即白，我們無法總是知道怎麼做才是對的，但我們總可以盡量懷著最好的打算去行動。而這也是我所能找到的理解「過美德生活」的最佳方式。時時刻刻努力表現出最佳的自己，盡量去選擇恰當的行動和反應，還有就是盡力做個關懷他人和自然萬物的好人。換句話說，就是去培養你的品德。關於這點，讓我們先看以下一段附註，再進一步討論。

關注（認真地）：如果我們想要時時刻刻表現出最好的自己，如果我們想過美德生活，那麼我們就得察覺到自己的每一步。今天，我們把這叫做「正念」（mindfulness），斯多葛派使用的是「關注」（*prosochē*）這個字。照馬可．奧理略的說法，我們應當憑著精確的分析、不變的尊嚴、人道關懷和沉著的正義感，「全神貫注」地完成手頭上的工作。我們可以達到這種屏除一切雜念的心境，方法就是在「做每一個動作時，都當它是你人生的最後一次」。

想像你赤腳走過沙灘，突然遇上一片灑滿碎玻璃的區域。這時你走得非常小心，每一步都緊盯著地面，以免刺傷了自己，這就是斯多葛派要我們在每一次動作中付出的關注。如果我們積極想讓自己的行為合乎美德，這份專心一意的關注和持續的自我觀察是必要的，不然，倘若我們壓根沒意識到自己的行動，又如何能確定我們的所有言行是正直善良的？一旦分神，我們的動作會變得**漫不經心**（*mindless*），莫名地開始做傻事，因而脫離了在當下成為最佳自我的正軌，喪失了得到幸福的機會。這種情況將會層出不窮，但這也是我們最需要正念的時候。「對於罪行的自覺是通往救贖的第一步，」塞內卡說：「你必須先發現自己在犯錯，然後才能改正它。」就像那次他了解到自己為了座位安排的事而對別人生氣是愚蠢的。沒了這份自覺，我們的行動將變得衝動、無意識、散漫，正好是我們所追求的反面。

「關注是基本的斯多葛精神態度，」作家皮耶・阿道（Pierre Hadot）解釋說：「那是一種持續的警戒和用心，永不間斷的自覺以及持久的精神緊張。多虧了這樣的態度，讓哲學家充分察覺到自己每一瞬間的行動，並且完全依著自己的**意志**行事。」儘管這種永不間斷的自覺是斯多葛派的目標，愛比克泰德說，要做到毫無缺失是不可能的，但我們可以努力，而且「如果這種永不鬆懈的專注，能讓我們多少免除掉幾項過失，那麼我們就該感到滿足了。」

品格勝過美貌

「把參議員的服裝放在一邊，穿上破爛衣服然後演出那個角色。」不管你在社會上扮演何種角色，不管你是否穿套裝、打領帶或者短襪搭配涼鞋，愛比克泰德指出，真正重要的是你的核心、你的品格。因此，辨認一個真正斯多葛哲人的唯一方式就是，看他們的品格。

說到自己認識的擁有磐石般性格的人，我頭一個想到的是**布魯諾**。布魯諾是我以前的一位足球教練，他非常可靠、值得信任，最重要的是，他的言行始終如一。他的公正真誠不只表現在適當的時候，而是一直如此。他是一個帶著一丁點奇特幽默感、堅如磐石的人。相信你生命中必定也有一個布魯諾，斯多葛主義之所以如此看重一個人的品格，也就不言而喻了。

「品格勝過美貌。」我曾經在文章中寫到。這話或許不適用於當前的時代，恐怕會被歷史書稱為一個**迷戀美貌的時期**，但在斯多葛哲學這絕對是正確的。斯多葛派會進一步主張：「品格不只勝過美貌，也包括財富、權勢，甚至也勝過撲克的王牌。」作為一個美德之人，事實上意謂著在品格上出類拔萃，凡事戮力而為，同時去做一般認為高尚正直、為人稱道的事。美德實際上是斯多葛哲學的至善，而過著美德生活，最終將把你形塑成一個真正的君子，而這將會帶來許多額外好處。讓我加以解釋。

我們回頭來看布魯諾。你以為沒人注意到他那始終如一的公正誠實言行？錯！他在教練職位上獲得多次晉升，成為足球社團的要人之一。據我了解，每個人都喜歡他、欣賞他。他那堅定可靠的性格為他帶來許多意外收穫。舉幾個例子：球員對他的愛和欽佩，在社團中獲得到尊敬和權力等等。而因為這些收穫，布魯諾當然感受到了喜悅，覺得很值得。

我們的人生也可以如此。當我們勇敢、誠實並且公正地行動，便會獲得一些好的感覺作為回報。當你拉高嗓門斥責惡霸吉米，受害人會為此感謝你，結果你將會感到自豪。當你把你進出不良場所的真相告訴父母，你或許會感覺鬆了口氣。當你持續不懈地找工作，一旦你被錄用，將會開心極了。

對斯多葛派來說，重要的是這些正面情緒不該是我們各種道德言行的主要動機。這些正面情緒應該被看成一種**附帶好處**。美德絕對必須是它自身的回報，理由有兩個：

1 這些附帶好處（例如喜悅的感覺）不是我們能夠掌控的。

2 這些附帶好處也可能由其他非道德行為引起。

你的行為應當合乎道德，是因為這麼做是對的，而不是因為它會在某些方面為你帶來益處。幫助被霸凌的女孩是因為這麼做是正當的，不是因為事後你會覺得很棒，並且有機會和她約會。附帶好處是不可靠的，也不是你掌控得了的。你只能管好自己的言行，至於會有什麼後果由不得你。沒錯，幫助被霸凌的女孩或許會讓你感覺很棒。沒錯，或許你會拿到她的電話號碼；但你也可能被惡霸甩耳光，也可能不受女孩青睞。因此，一個斯多葛奉行者應當無視於種種顧慮，真心誠意地奮勇行動，而不是為了可能會有的益處。

馬可．奧理略在他的著作《沉思錄》中對此作了優美的描述。他區分了三種不同類型的人。第一類人對別人做了善事之後，會很快地要求回報。第二類人不會立即要求別人報恩，但私底下會把對方看成他們的債務人。第三類人就像「結出了葡萄，而且一產完果實便不再有任何期待的葡萄藤」。就像一匹跑完賽程的馬，或者一隻釀完蜜的蜜蜂，這第三類人一無所求，只想往前進行下一個行動。「就像等著季節到來，再度結出葡萄的葡萄藤。」對別人好是我們的天性，我們應當不求回報地去做。

斯多葛的人類之愛：追求共同福祉

我們是天生對別人懷有感情的社會性動物。斯多葛哲學對人類充滿善意、溫柔和愛，而且關注公益，塞內卡說，目標是做個有用的人，幫助他人，照料自己和其他人。

斯多葛派必須培養一個觀念，就是我們應當關懷他人，希望他們繁榮茁壯，同時要發展一種和其他人類之間的親密感。甚至要把陌生人和那些反對我們的人當作親人，那些兄弟姊妹、叔伯姨嬸們。我們同屬一個世界的公民，這份共有的密切關係形成了互愛和友誼的基礎。「一個人無法替自己獲得任何好處，」愛比克泰德說：「除非他先為群體貢獻出一份力量。」

這是我們這些社會性、理性動物的天性。我們生來就過著群體生活，和蜜蜂極為相似，穆索尼烏斯．魯弗斯說：「一隻蜜蜂無法單獨生活：一旦孤立牠就會死去。」馬可進一步補充：「對蜂群無益的，也不會有利於任何一隻蜜蜂。」我們的行動必須有益於共同福祉，否則將不會為自己帶來任何好處。我們就像一個巨大的有機體：彼此相依共存。

我們的社會責任是心存一份對全人類的關懷，彼此合作，互相幫忙。「我所做的一切，」馬可說：「都該朝向這唯一的結果，共同福祉與和諧。」若非同時對公益作出貢獻，我們無法表現出最高的自我。如果我們想追尋最佳的自我，便得積極地關懷所有人類的福利。對其他人最有利的，對你必然也最有利。

我們是社會動物，意思並不是說我們喜歡與人群為伍，而是在較深層的意義上：人活著不能沒有他人的幫助。因此，當我們對別人好，我們實際上是在為自己造福。嘉惠他人是一種美德，而最終也嘉惠了我們自己，因為美德本身就是一種回報。既然你已經知道對別人好是對自己有利的，你可以自私地對別人好了。一切都是為了你自己好。

最終，我們善待他人究竟是為了自己或者利他的理由，其實並不重要，只要抱著增進共同福祉的意圖去做，也就夠了。還記得馬可描述的那三類人吧？總是在尋求回報的第一類人，把對方看成債務人的第二類，還有第三類，如同結出了葡萄、別無所求的葡萄藤。善待別人是他的社會責任，而他不會尋求任何回報。馬可說，完成你的社會責任將讓你得到擁有美好人生的絕佳機會。這就是致力於共同福祉的回報，不是感激、欽佩或同情，這些都是（不可靠的）附帶好處，不該是你行動的理由。因此，即使是馬可・奧理略，都會基於自私的理由去奉獻公益，因為他認為這將讓他有絕佳機會去獲得美好人生。

過美德生活，將個人行為導向公益的本身就是一種回報。這是我們的天性，而且終究是我們擁有幸福、平順人生的最佳機會。我們絕不可以尋求或希冀能得到他人欽佩之類的附帶好處，因為它不是我們掌控得了的，而且只是過眼雲煙。「然而智者可說萬無一失，」塞內卡主張：「他們自身的利益被牢牢維繫著，受到美德的約束，而這根本不需要運氣，因此既不會增加也不會減少。」

你的品格，源自你的行動，是你隨時可以仰賴的東西。在斯多葛哲學中，你只要時時刻刻表現出最佳自我、將行動導向公共利益就夠了。你也只能這麼做。馬可・奧理略優雅地提醒自己，一盞燈會發光直到燃料耗盡。那麼為什麼他的真理、正義和自律不能發光直到他消殞？在這層意義上，就讓我們點亮自身的美德之燈，讓它藉由我們表現出最佳的自我，發光發熱，直到生命最後一刻。

②專注於你能掌控的：盡其在我、隨遇而安

「那麼什麼是受適當的教育呢？就是學習順應自然，將我們天生的先入之見

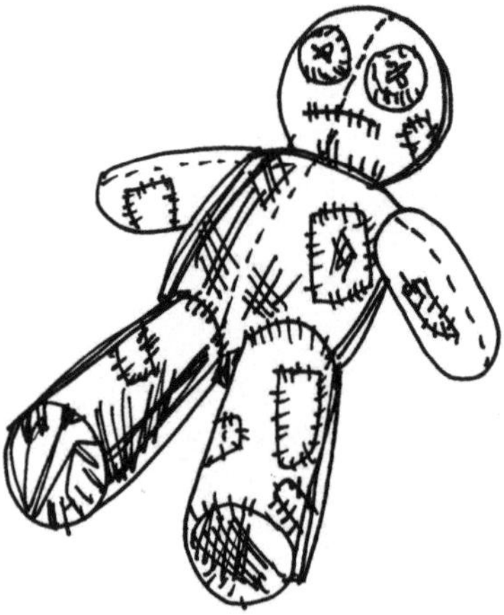

應用在對的事情上，此外還要把我們能力所及，和能力所不及的事情區分開來。」

——愛比克泰德

「有些事是我們能掌控的，有些事則否。」這是愛比克泰德在《手冊》（*Enchiridion*）一書中的開場白。就如我們之前了解的，Enchiridion 一詞可以譯為**隨手可用**，就像匕首。而區分什麼是我們能掌握的、什麼不是，正是我們應當隨時準備好，以便隨時用來應付生命派給我們的一切挑戰的一種能力。愛比克泰德的中心思想就是，有些事是我們能決定的，有些事則由不得我們，我們應該要「盡其在我，隨遇而安。」這個觀念是斯多葛哲學的基石，也因此成為我們的斯多葛幸福三角的第二角。

想像你手中握著一個長得和你一模一樣的玩偶。就說是一個**巫毒娃娃**吧。好極了。好啦，你走到窗口，打開窗戶，把你的娃娃丟到街上。你待在屋內，期待會有風和日麗、好事連連的一天。突然間，人生變成一座情緒爆表的雲霄飛車，而你連表示意見的權利都沒有。哈巴狗在你身上做記號，西裝男把你踢來踢去，一輛豐田 Prius 從你身上輾過去。**啊……**真衰！當然，事實上沒人會這樣對待自己的巫毒娃娃。或者會？許多人老為自己掌控不了的事情操心，不就是這樣？沒錯，這正是一切煩惱痛苦的**根源**，為外在事件憂慮牽掛。史蒂芬喜歡我嗎？我能不能得到那份工作？為什麼我不能長得高／瘦／漂亮一點？把決定權交給一些我們無法直接控管的事，只會帶來痛苦折磨。這就是為什麼斯多葛派要我們把那個想像中的巫毒娃娃拿回自己手中，由我們自己來決定要不要被人家踢來踢去。重點是，斯多葛派要我們把注意力放在自己掌控得了的事情上，讓哈巴狗去別的地方做記號。

那麼，什麼是我們能掌控的呢？只有少數幾件——我們的自發性判斷和行動。我們可以決定事件對我們的意義，以及如何回應它們。（關於判斷，我們將在斯多葛幸福三角的第三角進一步討論。）至於行動，就如前一節提到的，我們可以選擇讓它們合乎美德，其餘所有的一切都不是我們能掌控的。從天氣到其他人和他們的行為，一直到我們的健康和身體，差不多包括發生在我們周遭的一切。

沒錯，就拿我們的身體來說吧，就不是完全歸我們管的。當然，我們可以透過行為來影響它，像舉重，從事衝刺跑步，每天吃一顆綠色花椰菜，但這並不會讓我們的腰臀變小、肩膀變寬、鼻樑變直或者眼睛變藍。某些影響我們身體的因素是我們無法控制的，例如基因、早期不良接觸或創傷。所謂斯多葛的**控制二分法**——有些事是我們能決定的，有些則否，實際上是對我們之於這世界的影響力的**三個**層面的認知：

- **高影響力**：我們對判斷和行動的抉擇。
- **部分影響力**：健康、財富、人際關係以及我們行為的結果。
- **無影響力**：天氣、族群和大部分外在環境。

「這完全決定在你！誰能阻擋你做個善良、真誠的人？」馬可．奧理略經常提醒自己大自然賜予他的能力──選擇自己的行動、塑造自己品格的能力。他說人們不會為了大自然賦予你的能力而欣賞你，但是你可以培養許多別的好品格。「因此要好好展現這些完全取決於你自己的美德，像正直、莊重、勤奮工作、克己、知足、儉省、仁慈、自立、簡樸、謹慎、寬大。」

只有我們可以阻擋自己培養這些美質。我們有能力避免惡意，約束自己的傲慢，停止追逐名利，以及控制自己的脾氣。「難道你看不出你可以展現多少美德，而不該有任何欠缺才能或天賦的藉口？還是說你欠缺天賦才能的這個事實，迫使你發牢騷、諂媚或抱怨連連？」不，不是的！縱使所有一切都不在，或者只是部分在我們的控制之內，我們還是有能力選擇自己的行為方式。

在進一步檢視什麼是在我們控制內之前，讓我們來看一個實踐中的這類例子。寧靜禱告，戒酒無名會（Alcoholics Anonymous）及其他康復社團採用的一種禱告，基本上就是這個觀念的實際運用。

「上帝，請賜給我寧靜澄明，去接受我無法改變的事情；請賜給我勇氣，去改變我能改變的事；以及智慧，去分辨其中的差異。」

戒癮者改變不了他們在童年，或甚至早在出生前所受的凌虐，無法將過去作的所有抉擇一筆勾消，無法**戒斷**吸入古柯鹼、**戒斷**喝酒或**戒斷**吞藥丸。但是他們可以接受自己的過去，試著藉由專注在當下所作的抉擇，來改變現在和未來。同樣地，我們也可以專注於我們能掌控的，也就是我們每天所作的各種抉擇，並且接受其餘的一切無常。因為，愛比克泰德說，為那些由不得我們的事情煩惱，只是白費功夫，因而十分**愚蠢**。

斯多葛弓箭手：專注於過程

既然我是瑞士人，就來說一段瑞士傳奇吧。在十四世紀初，一部分瑞士受到維也納哈布斯堡王朝皇帝（Habsburg emperors of Vienna）的壓迫。在一座村莊內，殘暴的總督在市集豎起一根竿子，將他的羽毛帽掛在頂端，命令每個人對著那帽子鞠躬表示尊敬。當威廉．泰爾（William Tell）和他兒子經過那兒卻沒有鞠躬（也許是不知道或刻意忽略），泰爾被迫用他的十字弓，把兒子頭頂的一只蘋果射下來。所幸他精通箭法，拉弓一射便擊中了蘋果。但他還是遭到了逮捕，因為他藏有第二支箭，準備萬一沒擊中蘋果而誤射了他兒子時，可以用來殺死總督。多虧一場暴風雨，泰爾成功地從準備押送他前往總督的城堡去坐牢的船隻逃逸。知道自

己如今面對著死刑，他火速趕到一條通往城堡的巷道，埋伏在那兒。當那名殘暴的總督和他的隨從經過巷道，威廉·泰爾一躍而上，射出他的第二支箭，貫穿總督的心臟，而後隱入了樹林。我這位同胞的英勇行為引發一場起義，因此促成自由的瑞士邦聯的成立。**萬歲！**

在泰爾用弓箭將兒子頭頂的蘋果擊落之前數百年，斯多葛派用了**弓箭手隱喻**，來解說專注於你能掌控的這個基本觀念。泰爾可以拉滿弓弦，閉上一隻眼，凝神、瞄準、屏息，最後放開箭矢。好，現在想像箭以慢動作在空中行進。箭已射出，正穿過半空朝蘋果飛去。它已經不受約束了，泰爾再也影響不了它，只能等著看。也許會突然起一陣風，把箭吹離軌道。也許會有一隻鳥飛到箭的正前方。也許那孩子會彎下腰，或者他母親會衝過來，英勇地代替他中箭。

重點是，泰爾可以一直努力到他鬆開弓箭那一刻，但是他命中的是蘋果或眼睛，則不是他能決定的。我們面對日常生活也是如此。我們可以選擇自己的意向和行動，可是最終結果取決於許多不是我們所能掌控的外在變數。正因如此，斯多葛派建議我們將注意力放在自己能掌控的事情上，其餘的就順其自然。

在現代，我們把這叫做**過程聚焦**（process focus），專注在過程（在我們掌控下），而不是想要得到的結果（不在我們掌控下）。在箭術中，想要得到的結果是擊中標靶，但那不是注意力應該投注的地方，因為那不是我們能掌控的。較聰明的方式是把注意力放在最有利於帶來想要的結果的過程上。斯多葛派了解到過程會影響結果。而過程是指我們的行為、用心練習，以及鍛鍊我們成為射箭高手的一切準備工作。

因此，所謂成功，是從我們對自己所能掌控的一切，付出了多少努力來定義的。我們是否射中標靶，我們是贏是輸，我們是否減重成功，最終都無關緊要。在過程中，我們的成敗已定。因此斯多葛弓箭手專注於過程（好好準備、射擊），可能的好結果（擊中標靶）不會激起喜悅，可能的壞結果（沒擊中）也不會引發失望。斯多葛弓箭手在過程中獲得成功，並且帶著冷靜和沉著的自信接受任何結果，明白自己已經盡了全力。

這種專注於過程、專注於你能掌控事情的觀念，是巨大的信心推動器。你知道只要你盡了力，無論如何都會成功。你只能這麼做。如果你在工作上、人際關係和健康上盡最大的努力，你對自己將永遠感到自信滿滿、寧靜平和。這份沉著的自信和寧靜平和來自你知道自己在能力範圍內盡了最大努力，因為那是你能掌控的一切。就算結果不如人意，你仍然可以得到滿足，因為你知道自己已經盡力了；也不需要為壞結果找理由，畢竟影響事情結局的不可控制因素實在太多了。

只有當你知道自己沒有在能力範圍內盡力去做，你才會感到不安，而必須替自己辯護。這正是之前討論過的，橫在你實際上所做的，以及你有能力做到的兩者之間的黑暗缺口。斯多葛派強調，人的焦慮和內在混亂是來自想要得到自己無法掌控的東西。例如，愛比克泰德說，希望親朋好友長生不老是愚蠢的，因為那由不得我們。之前提過，一切痛苦煩惱的根源是為那些不受我們掌控的事情操心。這正是為什麼我們應該專注在過程上，因為過程完全在我們掌控之中。而如果我們根據在過程中付出最大努力這點來定義成功，那麼我們就不可能失敗，而會充滿沉著的自信，並且會坦然接受一切結果。

斯多葛的接納：享受旅程或者被拖著走

「痛苦是我們對於突發情事的心理抗拒。」丹．米爾曼（Dan Millman）在《和平戰士之路》（*The Way of the Peaceful Warrior*）一書中解釋說。事件可能帶給我們肉體痛苦，但是內心的折磨和混亂只是來自對現狀的反抗，來自和現實的抗爭。我們很氣那個超我們車的駕駛人，我們對自己的考試成績不滿意，火車誤點讓我們氣急敗壞。當我們客觀地檢視這些狀況，就會了解到，反抗它們是沒有用的，因為我們無法改變或抹去已經發生的事。然而我們老想和現實抗爭，期待它有所不同。那個駕駛人不該那樣開車，我的成績應該好一點，火車應該要準時。事情**非得**照我們的意思進行不可，非得如我們的意、符合我們的期待不可。

這是和神抗爭，愛比克泰德說，事情會這樣是因為它們原本就該這樣。我們的煩惱痛苦源自我們把那些操之在我，以及並非操之在我的事混淆了。和現實抗爭，和我們改變不了的事情抗爭，會讓我們充滿不安、對世界忿忿不平、怪罪別人、厭棄人生並且怨恨眾神。每當我們渴求非我們能力所及的東西，我們的寧靜和自信便會被擾亂；要是我們沒得到自己想要

的，我們會悲傷難過，而要是我們得到自己想要的，我們會在追求它的過程中經歷焦慮不安，因為我們永遠無法確定能不能得到它。因此，我們應該專注在自己能決定的事情上，這麼一來我們將不會怪罪別人，不會厭棄人生，當然也不會跟神過不去。斯多葛主義的許多力量就是從這裡產生的。這個根本真理——我們能控制自己的行為，但無法決定結果的內化，讓我們充滿自信，因為我們已經使出了全力，而這份自信也讓我們能冷靜地接納一切結果。

專注在你能掌控的，其餘的讓它去。因為其餘的不是你掌控得了的，所以斯多葛派建議，就算不如我們的意，也要接受它。先接受它，然後努力設法好好地處理。與其遇上小事就抗爭，不如坦然接納。要是有人超你的車，就讓他去吧。要是你的成績很糟，就認了吧，畢竟你已有過機會可以好好準備了。要是火車誤點，那就是誤點了，也許火車遲來反而好。誰知道呢？你只知道火車還沒來，這也無所謂，反正駕駛火車的是別人。

斯多葛派要我們學著接納一切無常，因為大部分事件的發生，都不是我們能說得上話的。你可以在事情發生時接受它，並且試著樂在其中，或者你也可以不甘不願，但還是一路被拖著走。有一個斯多葛派用來解釋這個觀點的絕佳比喻：想像一隻狗，以皮繩連著一輛移動中的推車。皮繩夠長，讓狗可以有兩種選項：①他可以平穩地跟隨他無法控制的推車的引導，一路上享受著旅程，探索周遭的事物；②或者他也可以卯足力氣，頑固地反抗推車，最後還是被拖著往前走，直到旅程結束。

就如那隻狗的狀況，我們生命中也有許多我們控制不了的東西。我們可以接受現狀並且試著隨遇而安，或者像個頑固的嬰兒那樣抗拒，弄得哭哭啼啼、可憐兮兮。選擇在我們。以萊恩．霍利得的說法：「**為事情心煩是誤以為它們會持續下去，（而）討厭改變是誤以為你對事情還有選擇餘地。**」因此我們應當把愛比克泰德的忠告謹記在心：「**別期待事情照著你的意願發展，而要希望事情自然發展，那麼你的人生就會順順利利的。**」就這麼簡單（卻又不太簡單，我們將在本書第二篇提供多種心法）。

毫無疑問地，世上有許多不幸的事發生。親人過世，洪水摧毀你的家園，你失去工作或者考試不及格。你無法消除這些狀況，只能試著以高貴的勇氣去承受，試著在既有的情況下做到最好。斯多葛哲學教我們專注在自己能掌控的，其餘的就順其自然，同時盡力而為吧！重要的是你在特定情況下做了什麼，以及你做的方式。另一方面，它的結果不是你能掌控的，而且並不重要。

這正是愛比克泰德想找的那類人。「幫我找找這麼一個人，他在意自己做事的方式，他感興趣的不是他能得到什麼，而是他自身的行為表現。」

注意：所謂其餘狀況就順其自然，和屈從退縮是兩回事。斯多葛派認為許多事情不在我們掌控中，我們應當冷靜地接受一切結果，並不表示他們缺乏志向、感覺無助或者聽天由命。正好相反，聽天由命完全**違反**斯多葛派的所有教導和訓練。事件的發生並非**不受**你的行為影響，而是**取決**於你的行為。你可以憑著你的自發行為，共同執導事情的結局。你有多麼努力學習、磨練打靶當然極為重要；但能不能擊中標靶，並不是由你一手決定。

既然應該接納一切後果，還不如放棄算了的主張，可說無知而且根本是懶惰。去接受一切現狀比反抗它要困難得多，要面對必然性需要一個真正的男人或女人；要接納、處理不幸則需要強悍而又謙遜的心靈。換句話說，你必須是戰士哲學家。因為戰士把一切視為讓自己臻於完美的**挑戰**，而普通人只是把所有一切當作祝福或詛咒。

我們應當努力去接受一切事實，並不表示我們贊同它，意思只是說我們了解到自己改變不了它。因此最佳選擇就是接受它，然後出於這份接納，試著盡力而為。「沒有人希望自己的孩子生病，沒人希望遇上車禍，但是當這些事情發生時，在腦子裡和它們計較爭辯，有幫助嗎？」這是拜倫·凱蒂（Byron Katie）在她的著作《一念之轉》（*Loving What Is*）中的說法。當然，有時候事情真的很糟，但是反抗它們無濟於事。放棄、一肚子無奈也於事無補。斯多葛派的說法能幫助我們把它們當作一種**挑戰**，一塊我們可以藉以學習讓自己有最佳表現，最終變得更堅強的空白大理石。

斯多葛派不會放棄，他們決心在世間採取合宜的行動。馬可·奧理略是他那個時代最具權勢的軍事、政治領袖，曾率領軍隊參與無數戰役來保衛羅馬帝國。他夠**睿智**，了解什麼事由得他，什麼事由不得他；夠**勇敢**，能夠專注地照著自己的能力去行動；夠**冷靜**，能從容地接受一切難以控制的，不讓它影響他的幸福安康。（請見第73頁的寧靜禱告）

善、惡與無關緊要之事

「事情有善、有惡，也有不善不惡的。」愛比克泰德和斯多葛派不只區分我們能決定以及我們無法決定的，而且也區分善事、惡事和無關緊要之事。關鍵在於，只有那些決定在我們的事情有善、惡之分，所有決定不在我們的，全都歸類為**無關緊要**。這是為什麼斯多葛弓箭手冷靜地接受一切結果，因為那不是他們能決定的，因而終究屬於無關緊要的事。無論如何，斯多葛派使用一種較細的區隔，把擊中標靶（或蘋果）定義為**優先**的無關緊要事物。可是，既然結果**完全**無關緊要，那麼你一開始幹嘛要打靶？在進一步討論這種區隔之前，讓我們先來看看善、惡和無關緊要三類事物的涵蓋範圍：

- **善事**：所有合乎道德、智慧、正義、勇氣和自律的事。
- **惡事**：所有邪惡、愚蠢、不公不義、膽怯、放縱的事。
- **無關緊要之事**：所有其餘的事；生與死、健康與病弱、貧與富、喜樂與悲痛、好名聲與壞名聲。

善事與惡事只會出現在你的行為當中。之前提過，只要表現出最佳自我，便足以讓你擁有幸福、平順的人生。因為那全都是我們能力範圍做得到的。我們的行動至關重要，而一個人的品格發展是擁有美好人生的關鍵。這當中不需要任何外在的東西。同樣的道理也適用於不幸福的人生，無論外在環境如何，全都來自惡性的行為。那麼，唯一的**善**，就是順應自然而活，完成我們的自然潛力，循著智慧、正義、勇氣和自律等美德而活。然而，我們所有道德行為的**結果**，乃取決於命運，不是我們能直接掌控的，因而既非善也不算惡，而是**無關緊要**的。倘若那些不在我們掌控內的事有善、惡之分，那麼我們將註定要為了自己的無能為力而痛苦不堪。所有的善必定是來自我們本身。

無關緊要的事物通常被歸納為**健康**、**財富和名聲**，但基本上，所有外在的、**不是**由我們決定的事物，都可以被歸類為無關緊要。所謂無關緊要（*indifferent*），斯多葛派指的是那些中性的事物，既幫不了我們，也妨礙不了我們作為人類茁壯興旺的事物；它們對於幸福平順的人生並不重要。倘若我們需要這些外在事物才能擁有美好人生，那麼對那些缺少它們的人來說，豈不令人洩氣。因此，我們應當學著用無所謂的態度來面對那些無關緊要的事物，而且如前所述，接受一切既成的事實，而不是和它對抗。要記住，斯多葛弓箭手總是冷靜地接受一切後果，因為那不是他們掌控得了的。

然而，**無關緊要**一詞有點誤導，因為它暗示著這些事物毫無價值。事實並非如此。儘管這些外在事物對美好人生來說並不相干，但有些還是**優於**其他的。選擇健康而非疾病，富有而非貧窮，美貌而非醜陋，直覺上這是合情合理的。而且，顯然威廉．泰爾會寧可選擇擊中蘋果，而不是他兒子。這些叫做**優先的**無關緊要之事。倘若可以選擇，我們總是會挑比較好的選項。對斯多葛派也是如此，他們尋求這些較優的選項，但這麼做時態度是超然的。他們很願意擁有它，但如果得不到也無所謂。過美德生活仍舊是第一要務。因此，只有在不會擾亂他們表現最佳自我的前提下，他們才會去追求這些優先的、無關緊要之事。

對斯多葛派來說，友誼是最重要的一種優先的、無關緊要之事。人類天性不只是理性的，同時也是社會性的，因此我們會自然受到其他人的吸引。一個善良的人會時常對他的人類同胞，他的兄弟姊妹、鄰居，還有陌生人表現出愛、仁慈、公正和關懷。擁有一群睿智、善良的朋友是人在世上最珍貴的身外之物。正如塞內卡所寫的，智者「渴望朋友、鄰人和伙伴，無論他有多麼自得自足。」沒有朋友，我們還是可以擁有幸福人生，但我們寧可**不要**這樣。

不過，和好萊塢電影不同的是，斯多葛派絕不會把愛情看得比道德操守更重要。一說到美德，其他一切都要靠邊站。「愛能征服一切」或許很浪漫，能拍出好電影，但是它正好是斯多葛優先考慮事項的反面。即使是愛，也不該以損害你的品格作為代價去交換。所以，儘管去追求友誼吧，只要你不必和美德分手。與其用可恥的方式去追求友誼、健康和財富，不如帶著尊嚴忍受孤獨、疾病和貧窮。好人永遠會追求美德，不計一切避開惡行。

塞內卡解釋得好極了。「好人會去做他們視為榮耀的事，即使必須艱苦奮鬥；即使那會帶來傷害，他們也會去做；即使那會帶來危險，他們也會去做。此外，他們不會去做他們認為卑劣的事，即使那會帶來財富、歡愉或權力。沒有什麼能阻止他們去做榮耀的事，沒有什麼能引誘他們去做卑劣的事。」

人生有如撲克牌局，好牌壞牌都能贏

撲克遊戲可說完美傳達了這種善、惡和無關緊要之事的觀點。你手中的牌代表你所面對的各種外在環境和人生境遇：你的平面電視，你的惡老闆，你妻子的病，你兒子的壞成績，以及你那位懂得激勵人心的摯友。這是你拿到的、如今得用來應付牌局的各種牌。這些牌都是隨機發的，你無法決定自己能拿到什麼牌。因此你手上的牌不重要，它們是中性的，無關緊要的。重要的是你出牌的技巧。

牌戲有如人生，無論拿到什麼牌都能贏。當然，你會喜歡拿到兩張A和一個健康的妻子，但這由不得你。由得你的是你會如何**處理**既定的狀況。一旦發好了牌，你便沒得選擇，只能接受已經改變不了的事實。你不能再巴望得到較好的牌，而只能希望有能力好好打一局。

因此，一個可敬的撲克玩家的特徵在於，他們不顧手中有什麼牌，只是盡己所能地發揮，而且冷靜地接受一切結果。他們只能這麼做——無論拿到什麼樣的牌都盡力而為。到頭來，贏的不是那個拿到一手好牌的玩家，而是那個在整場牌局中，或者在整個人生過程中，將手中的牌打到淋漓盡致的玩家。

光靠一手好牌——絕佳的健康、財富和名聲，無法讓一個痴愚、不義的人得到美好人生；而一手壞牌——疾病、貧窮和壞名聲，危害不了善良之人的幸福安樂。在天平上，美德和好品格永遠比健康、財富和名聲來得有分量。再多的外在利益都永遠抵不上一個人的品格。有

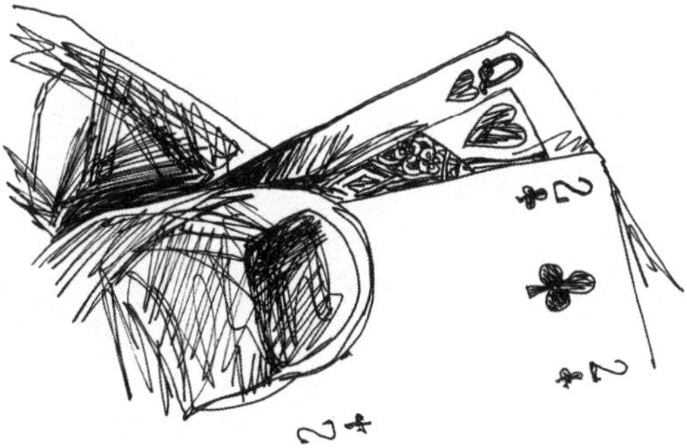

些外在利益或許比其他的更可取，但它們終究是無關緊要的。想追求美好生活，唯一重要的是我們如何玩手中的牌。

對一個好人來說，失去所有財產和失去一分錢是一樣的，而生病並不比跌倒來得嚴重，據說早期的斯多葛哲人克里希帕斯（Chrysippus）曾經這麼說。塞內卡也曾意味深長地說出類似的話：「人生非善亦非惡；它是同時包容善與惡的空間。」人生和它的種種境遇可以被人睿智或愚蠢地加以利用，然而讓它們成為善或惡的是我們的行為。這點很重要。儘管外在事物是無關緊要的，但我們處理它們的方式則否。決定人生是幸或不幸的，正是我們對無關緊要之事的運用方式。

③擔起責任：發揮自我的善

「如果你想得到善，就往自己內在去尋找。」

——愛比克泰德

斯多葛幸福三角的最後一角是建立在另外兩角之上的，有了它們才有這第三角。第一項準則是過美德生活，或者表現出你的最高自我，至高的善；第二項則教我們，外在條件對美

擔起責任
Take Responsibility
Live with Areté
Focus on What You Control
過美德生活
專注於你能掌控的

好生活而言是不重要的，因為它們並非我們所能掌控。意思是**只要**具備美德，便能擁有美好生活，而因為這在我們掌控之內，也使得我們必須為自己的繁榮成功**負責**。

就如唐納·羅勃遜的形容，這是「斯多葛主義最艱難也最吸引人的一個面向，」因為這份責任讓我們再也沒有不去達到人人憧憬的幸福平順人生的藉口。只有我們能阻止自己去培養美德行為，只有我們能阻止自己擁有美好人生。

過美德生活是我們能掌控的＋我們無法掌控的事物和幸福生活無關＝過美德生活是我們能掌控的，而且足以讓我們擁有幸福人生結果就是，我們對自己的幸福人生負有責任。

讓我們進一步闡明。終極目標是幸福快樂順利的人生。為了達到這個目標，斯多葛派定下了另一個目標：**過美德生活**，或者**順應自然而活**。人類天性是將理性運用在我們的意向和行動中。因此，過美德生活的目標就是把理性運用在我們的行動中，始終努力表現出最高版本的自我。

以現代的說法，這叫**過程**目標。斯多葛派並非把注意力放在**未來**的結果（幸福人生），而是放在最終將會導向想要結果的**當下**過程（過美德生活）。正是這份對過程的專注，使得我們如同那些積極熱誠的斯多葛哲人，終究必須為自己的繁榮興旺負責，因為這過程是我們能夠掌控的。儘管結果會受到外在事件的阻撓，過程和我們的意向卻在當下就完成了，而且不會受到任何我們無法掌控因素的影響。

如同塞內卡所說，「智者關注的是所有行動的目標，而不是它們的結果；開頭在我們掌控之內，結局則由命運女神審判，而我不允許她對我作出裁決。」

斯多葛主義教導說，我們對自己的幸與不幸負有極大責任。此外它也教導，負起這份責任將使得我們得到幸福的機會大為增加。另一方面，**受害者心態**，把自己的不幸歸咎於外在環境，將使得幸福人生成為遙不可及的目標。

我們必須拒絕讓手中的牌來決定我們的福祉。斯多葛派認為外在事件和其他人或許有力量影響你如何活著，甚至能不能活著，但是它們沒有力量毀掉我們的生活。只有你自己會因為被那些你無法掌控的事給耍得團團轉、沒能盡力而為，而毀掉自己的生活。

我們必須確保我們的幸福盡可能減少對外在環境的依賴。我們身上發生的事，以及我們有多幸福之間，應該只有極細微的連結。這是辦得到的，只要專注於我們能掌控的，並且努力在特定環境下盡力而為。還有只追求自己能力所及的東西，因為之前討論過，求取**非**自己能力所及的東西是煩惱痛苦的根源。

「幸福和對於不存在事物的渴望是無法並存的。因為真正的幸福意指著擁有一切想要的東西，就像吃飽喝足的情況，必定不會口渴，也必定不會飢餓。」愛比克泰德此處描述的正是我們當今常說的**有條件的幸福**——把幸福和某種未來事件連結在一起。**等**考試結束，我就解脫了；**等**我得到那輛新的保時捷911，我就開心了；**等**我賺到六位數存款，我就生活無虞了。就像地平線，你可以走過千山萬水，卻一點都接近不了。我們要不繼續渴求自己沒有的東西，要不擁有得到幸福的機會。我們無法兩者兼得。真正的幸福是你已經擁有你想要的**一切**。

「外在事物是我能力所不及的，意志是我能力所及的。我該往哪裡去尋找善與惡？往內，在我自己的事物之中。但是在不屬於你的事物中，既沒有善，也沒有惡。」愛比克泰德在此處提醒我們，往自己內在去尋求善。他常用這個基本訊息：「如果你想得到善，就往自己內在去尋找。」我們必須往自己內在，而不是在外在事物中尋求幸福；它們不是我們能力所及的，既非善亦非惡，而是無關緊要的。大自然給了我們能夠在面對任何人生逆境時，依然創造出圓滿、幸福人生的必要配備。因此，如果我們想得到滿足，就必須改變自己和我們的慾望。我們改變不了發生在我們周遭的事物，而只能改變我們看待這些事物的態度，以及我們**選擇**如何加以運用。

改變外在事件是不可能的。
改變你對於這些事件的觀點是可能的。
因此，何不試著改變那些改變得了的？

選擇的自由

「你的整個構成包括三樣東西：身體、呼吸和心靈。」馬可．奧理略提醒自己：「前兩樣屬於你，你必須照料它們，但是只有第三項是完完全全屬於你。」只有心靈是真正屬於你。只有心靈是在斯多葛的控制範圍內，其他的一切都不在，或者只是部分在我們掌控之內。

如前所述，我們的行動是我們能掌控的，它們的結果則否。幸運的是，愛比克泰德說：「最卓絕、優越的機能」——我們運用理性的能力，同樣是我們力量所及的，以便我們能「正確利用所發生的所有事件」。儘管我們「只能」掌控自己的心靈，這使得我們擁有極大力量決定外在事件對我們意謂著什麼的能力。因此，**判斷力**便成為我們作為理性生物的存在核心，以及我們自由的來源。

我們控制不了周遭發生的事件，但我們有能力控制我們對這些事件的看法。「我們無法選擇我們的外在環境，但我們永遠可以選擇要如何對它們作出反應。」愛比克泰德告訴我們。我們必須了解，外在事件是中性的，只有我們對它們所作出的反應可以決定它們是好是壞。

我們可以當一個人生境遇的受害者，像我們的巫毒娃娃那樣被耍得團團轉，或者我們可以毅然負起責任，選擇處理各種境遇的方式，確保自己不會被耍弄。當一個無助的受害者是毫無幫助的，另一方面，擔起責任則讓我們有力量在既定的境遇中全力以赴。

因此，每一個外在事件都提供了一個我們能控制的領域，也就是我們對該事件的處理方

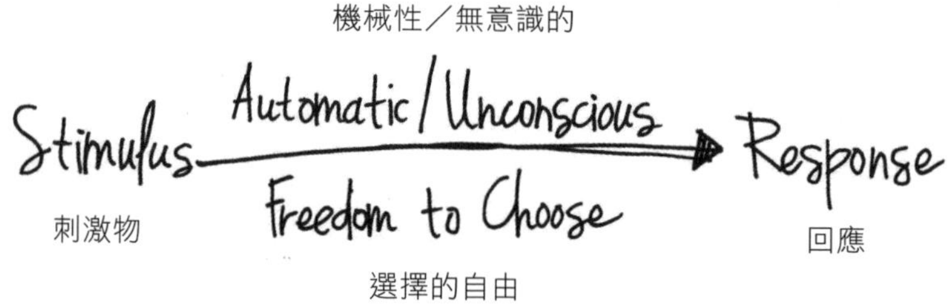
機械性／無意識的
Automatic/Unconscious
Stimulus
Response
Freedom to Choose
刺激物
回應
選擇的自由

式。這是一種真實而公平的控制力量，源自我們依著自己的選擇去判斷事件的能力。能夠選擇意謂著我們有得選擇，而有得選擇意謂著自由。受到維克多．弗蘭克的啟發，我想把它叫做**選擇的自由**。弗蘭克在他的著作《活出意義來》（*Man's Search for Meaning*）一書中說：「人可以被奪走一切，除了一樣東西，人類最後的自由——在任何一種特定處境下選擇自己態度的自由。」

某件事情發生（刺激物），接著我們對它作出反應（回應），這種反應通常是機械地、無意識地發生，我們想也沒想。我們可以輕易在其他人身上觀察到這種行為。當事情發生時，他們衝動地作出反應，在孩子身上尤其明顯。假設一個小男孩正在玩他的雷龍玩具，你突然把它拿走。這時會如何？很可能男孩會開始大哭。男孩不會思考該如何反應，那是不自覺的反應。也許他會盯著你看，然後**笑**了起來。誰知道呢？好，小男孩和其他小孩沒有力量選擇回應的方式，可是對你我來說，情況可不同了。在刺激物和回應之間可能有一個小小的空隙，力量就藏在這個空隙中，選擇的自由就藏在這個空隙中。

這個空隙意謂著我們有機會介入刺激物和回應之間，然後選擇我們的自發性反應（或者**不**反應）。這個空隙只是一種**潛在**的空隙，因為，倘若我們沒有充分意識到，就不會有空隙，而我們將會漫不經心地採取預設的（或機械的）回應。覺知、正念，或者斯多葛派所說的**關注**，對於你介入刺激物和回應之間的空隙是必要的。隨著你覺知程度的不同，這個空隙會變大、變小，或甚至不存在。

重點是，當你遇上事情，例如摔破玻璃杯、踩中狗屎或者被陌生人比中指，你可以在不自覺地作出反應之前，進入這個空隙。一旦進入這個空隙，你可以想想你的選項，然後**選擇**最好的一種反應。多數人會反應性地採取他們的預設回應，只有在事後（或者根本沒有）才會發現他們的反應是不妥的。

當你踩中狗屎，會機械地作出一些反應也是合理的。你的內在作出判斷，情況不妙了，隨之而來的是氣惱、困擾和驚慌的感覺，伴隨著咒罵和慌亂的肢體動作。或許不是太嚴重的事，但事實是你被一樁你改變不了的外在事件弄得狼狽不堪，你讓一個外在情況決定你該有什麼感覺。如果我們總是跟著自己的預設反應，我們將始終依賴周遭發生的一切。踩中狗屎會讓我們難受，踩中百元紙鈔會讓我們開心。我們完全聽任周遭情勢的擺布，如果我們對某種情況的預設反應是正面的，**萬歲！**如果不是，那就**糟了**。這等於是把自己的巫毒娃娃再丟回街上。所幸，事情不必如此。

斯多葛派主張，你可以介入所發生的事件（踩中狗屎）和你對它的反應（氣憤、咒罵）之間。主旨是要選擇你最好的一種高尚回應，而不是跟著預設反應走。為了達到這目的，你必須能夠一眼**認出**你的機械印象（真是糟透了）。如果你想要進入這個空隙，選擇適當的回應方式，你需要足夠的覺知，去認出那第一個以思想或情緒形式浮現的印象。一旦你認出那個印象，你便可以退後一步，質疑這個印象是不是可以採用的好印象。你可以把這個思維印

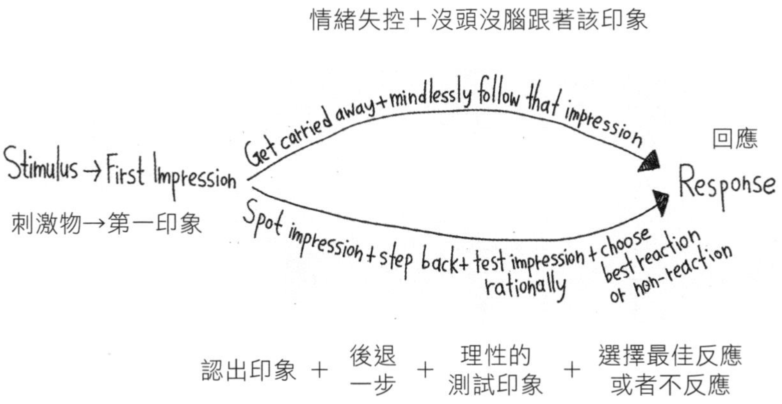
情緒失控＋沒頭沒腦跟著該印象
Get carried away + mindlessly follow that impression
回應
Stimulus → First Impression
Response
刺激物→第一印象
Spot impression + step back + test impression rationally + choose best reaction or non-reaction
認出印象 ＋ 後退一步 ＋ 理性的測試印象 ＋ 選擇最佳反應或者不反應

象當成一個供你在理性檢視它之前作為辯論用的單純假設。

基本上，你可以**不批准**這個印象，避免衝動、魯莽而機械性的行為。這麼做極為有效，能讓你在行動（反應）前進行思考。這會讓你有力量去選擇最好的反應方式，而發生在你周遭的一切便不再那麼重要了。它給了你通往理想行為之鑰，因為你可以選擇一種明智、寧靜平和而充滿寬恕的行動方式。笑一笑，把鞋子清乾淨然後繼續過你的日子。

選擇的自由，或者斯多葛派所說的**合乎邏輯的選擇**（reasoned choice），事實上是指積極地選擇我們的回應，而不是反應性地盲從於預設回應。為了能夠做到這點，我們必須將覺知引入情境中，以便我們能一眼就認出第一印象，避免情緒失控，作出反應性的回應。反應性的回應可能是不符道德的行為，會進一步引起像是憤怒、恐懼或慾望等不健康的情緒。反之，如果我們能從最初印象後退一步，我們便可以理性地評估這個印象，想想其他可能的回應，然後選擇自己最好的反應或者不反應（有時候不反應是上策）。這樣的話我們便能照著自己的選擇去回應，同時可望能合乎美德。

心靈使你富足，即使在流放中

斯多葛派在逆境中如何自處？我們的四位先哲當中有三位經歷過至少一次流放。他們以典型的斯多葛風範面對它。塞內卡說：「令我們富足的是心靈；它會陪著我們去流放。」曾被放逐到最荒涼的流放之地伊亞羅斯島的穆索尼烏斯．魯弗斯說，流放讓他失去家園，但並未讓他失去忍受流放生涯的能力。他甚至說，流放剝奪不了一個人的珍貴之物——美德無法被奪走。流放無法阻止你展現勇氣和正義。我們要謹記，幸福取決於我們如何看待所發生的事，而非發生的事情本身。無論你有什麼遭遇，你的心靈永遠可以用美德回應，來讓它變成好運。

斯多葛聖人，當然還有幾位主要哲人，即使在流放中也是絕對自由的。因為他們的自由在於能夠遵循自己的理智天性，也就是專注於你能掌控的，接納其餘一切無常，然後用美德去回應。每個阻礙都變成一個實踐智慧、勇氣、正義和自律的機會。理想的斯多葛哲人只想用合乎理性和至高自我的方式去回應一切，而且沒有什麼能阻止他們這麼做。他只欲求自己能掌控的事物，因此即使在流放或牢中，他依然是「自由」的。

斯多葛主義要求你，如果改變不了情勢，就改變自己。儘管你無法改變情勢，你有力量改變你對它的態度，並且用美德回應它。無論你在什麼地方（牢房或宮殿），無論你面對的是何種挑戰（狗屎或百元紙鈔），你永遠保有選擇的自由。你只要迅速找出你的第一個印象，避免慌亂，冷靜地後退一步，評估情況然後選擇一種最明智的回應。重要的不是外在事件，而是你選擇用來對付它們的方式。

我們必須了解，我們是能夠**回應**的（response-able），有能力去選擇**回應**情況的方式。提出**選擇的自由**觀點的傳奇人物維克多．弗蘭克，經歷過我們難以想像的殘酷境遇。他失去所有親人，從二次大戰納粹集中營的恐怖中死裡逃生。儘管經歷過萬般恐怖，他依然能選擇他的態度，而他選擇不屈服於那些可怕情境。不用說，我們每個人一生中都多少經歷過不幸，但肯定不像失去所有親人以及經歷集中營那麼慘烈。重點是，如果弗蘭克在難以言喻的恐怖中，都還能夠選擇他的回應方式，那麼我們應該也有能力選擇我們的回應。（說到維克多．弗蘭克，如果你尚未讀過他的《活出意義來》，千萬別錯過。）

注意：儘管斯多葛哲學家說我們可以介入刺激物和回應之間，他們也承認，有些機械性反應是我們無法控制的。那是某些印象引起的類似反射作用的情緒反應，像是臉紅、發汗、緊張、恐懼或驚愕。對於這些快速的身體反應，我們只能別無選擇地接受。突發的聲音會讓你嚇一跳，你沒得理論。然而，如果我們把足夠的覺知導入情境，我們便可以認出最初的印象，後退一步，避免被它弄得情緒失控。儘管你控制不了這些立即的反射性反應，你有能力控制隨之而來的：跟著第一印象走，或者後退一步，評估一下情況，然後選擇一種合乎你的價值觀的反應。

惶惶不安或堅如磐石：決定在你

「給人帶來煩惱的不是事情本身，而是對事情的看法。」愛比克泰德這話是我們剛剛所討論內容的重要結語：外在事件不在我們掌控內，但是它們提供了一個我們可以掌控的領域；我們有能力選擇這些事件對我們的意義，重要的是我們的選擇，而不是事件本身。外在事件基本上不具任何意義，賦予它們意義、讓它們有好壞之分的，是我們對它們的理解方式和判斷。

（順便一提，只要人繼續衝動地作出回應，因而對事件漫不經心，就很難了解這點，因為在他們看來，事件顯然只會為他們帶來不快。可是一旦他們學會從最初印象後退一步，他們便會發現，令他們困擾的其實是他們對情境的判斷。）

因此，第一課就是，絕不為自己的任何負面情緒而責怪別人或外在事件。要擔起責任。這對斯多葛派來說，顯然給人帶來煩惱的原因不在事件本身，而在我們對這些事件的看法。這可能會顯現為痛苦和憂慮，而且會在我們相信自己的故事版本時湧現。一個印象以思維的形式進入我們腦中，而我們接受它為真相。「我被流放了，真慘啊。」情境本身（流放）**不會**讓我們憂慮，在某些情況下它或許會帶來肉體的痛楚，但是引起苦惱的是對於情境的故事描述（真慘）。你的一些以思維、想法和詮釋為形式的判斷，讓你不快樂。好或壞都只出現在你的判斷和行動中，而不在外在事件中。

煩惱來自把一樁事件判定為討厭或不良的，而且往往以抱怨的形式呈現。例如，我們會判斷某個事件很**糟糕**而給予它評價，忘了該事件本身是既不好也不壞，它是空洞的，根本不具備任何意義。我們透過評斷、憎惡和想要它變得不同，而賦予它意義。如果你能順其自然，如果你能不去評斷它是好是壞，而是接受它**原本的**樣貌（中性、無關緊要），那麼你就不會心生煩惱了。你可以擺脫煩惱，愛比克泰德說，只要你不去在意那些非你能力所及的事。

- 哎呀，我真笨拙。vs. 玻璃杯破了。
- 真是倒了八輩子楣了！ vs. 我鞋底沾了狗屎，好臭。
- 啊，真是渾蛋！討厭死了。 vs. 他朝我的方向豎起了中指。

事件本身不具任何意義。是我們的判斷讓它們有了好壞之分。我很喜歡艾麗・高登（Ellie Goulding）的金曲《初次》（*First Time*）中的歌詞，「中指是我們的和平標誌。」當你這麼一轉念，「啊，真是渾蛋！」便能輕易化為微笑和「哇，真可愛！」的反應。同一樁事件可以用各種不同的方式加以詮釋，引發完全相反的感覺。

聽著，我知道你不笨，非常清楚別人想對你說什麼。重點是，要緊的不是他想對你說什麼，要緊的是你如何看待他說的話。因此，就算看來像是（或者明顯是）有人試圖羞辱你，惹惱你的是**你的判斷**。除非你願意，沒人傷得了你，因為別人無法進入你的腦子。「否則，」

馬可．奧理略說：「我鄰人的邪惡將會造成我的損害，而把我的不幸交由別人來決定，這絕不會是神的旨意。」唯有你自己有權進入自己的腦子，唯有你自己能毀掉自己的人生，你負有責任。

別人無法令**你**氣餒，狗屎無法令**你**沮喪，這些都是無法進入你的腦子的外在事件。你感受到的那些情緒，不管它們有多麼真實，都不是外來的，而是由內而發的。是**你**造成了這些情緒，是**你**造成了自己的痛苦。破玻璃杯只是破玻璃杯，讓你感覺自己像個笨蛋的是你的判斷。（啊，我真笨拙！）別怪罪事件，要怪你那反應活躍的自我讓你有那樣的感覺。原因就在於你的判斷。「拿掉判斷，」馬可說：「傷害也就跟著消除。」不要判斷事件，你就不會受到傷害。因此，你的**反應**基本上顯示出你是否受到了傷害。當你摔破玻璃杯，你有兩種選項。受傷，或者不受傷。

「啊，我真笨拙！」＋開始哭泣、感覺沮喪＝強烈反應、受到傷害

「哎呀！」＋清理乾淨、繼續過日子＝不反應、不受傷害

這能給你極大力量，因為這表示任何你無法掌控的事都擾亂不了你，只有你的判斷可以傷害你。無論你所面對的挑戰有多麼難以控制，你都有力量去決定這些事件對你有什麼意義，

只有你擁有選擇你的最佳反應的自由。你的反應要不令你開心，要不令你難過。

這是為什麼愛比克泰德建議我們在心中謹守兩個準則：①事情沒有好與壞，除非我們選擇讓它變成那樣，以及②我們不應該試圖主導事件，而是要順應它。抗拒是沒有用的，事情發生時坦然接受，然後在你能力所及的範圍內妥善處理。

第四章

反派角色：負面情緒只會礙事

「一旦（憤怒）讓你失了方寸，就再也無法回復健康的心態，因為激情一旦攻占了心靈，理性便無用武之地。敵人必須在最外圍的邊界就被防堵、擊退；因為一旦讓他越過城池，進入城內，他將不會允許他的俘虜阻礙他的勝利。」

——塞內卡

幸福似乎是可企及的，對吧？對斯多葛派來說，它只在於我們如何對事件作出回應，以及我們看待它們的方式。想追求幸福平順的人生，只要讓我們的行為合乎美德就夠了（但也是必須的）。那問題出在哪裡？我們為何不能一彈指就到達幸福之境？

生活是重重阻礙！現實擋在我們前方，常令我們措手不及、難以招架，不時帶來恐懼不安、憤怒哀傷，逼得我們只想逃走，躲得遠遠地。事情比我們想像的還要艱難，而且它們的

擔起責任
Take Responsibility
Eudaimonia
幸福
Live with Areté
過美德生活
Focus on What You Control
專注於你能掌控的

發生往往和我們的期盼背道而馳，我們只能努力試著有效地加以處置，或甚至在事發之初就坦然接受。可是慢著！斯多葛派教導我們，外在事件不重要，我們必須發揮自身的善。表面上看來**似乎是**生活阻礙了我們，其實是我們自己的負面情緒造成了阻礙。這些強烈的情緒征服了我們的心智，實際上征服了我們整個人，讓它無法清楚思考，迫使我們作出和自己認知相反的錯誤抉擇。

一旦我們的心智被非理性的恐懼、憂傷、憤怒或貪婪等負面情緒或者斯多葛派所稱的**激情**給俘擄，這些激情便接管了一切，我們便無法清楚思考而衝動行事。就如塞內卡在本章的開場白，一旦讓敵人進入心中，理性便離去。理性或激情，兩者互不相容。當激情掌控了方向盤，理性便被捆綁、堵住嘴巴，丟到後車廂了。

負面情緒本來就讓人**不快**。想想憂傷、恐懼、忌妒或強烈的渴望。因此，當這類情緒坐上駕駛座，心中懷著不舒服的感覺，我們的第一要務（無意識地）就變成想要**舒坦些**，因而會不自覺地設法擺脫心中的痛苦。負面情緒命令我們去做能夠讓自己變得舒坦、緩和當下痛苦的事，不顧我們的價值觀和長遠目標。結果我們把自己的深刻價值觀拋到一邊，像懦夫般逃走，點了披薩和提拉米蘇、狂看漫威影片、用力摔門和玻璃杯，向我們的友人和小孩大吼大叫，買自己不需要的黑色高跟鞋。

負面情緒有無數種形式。它可以將我們整個吞噬，例如強烈的憤怒，這會製造一種突發的狹窄視野，讓我們一下子付諸行動，砰！出事了。它也可以是比較平靜的形式，例如過度悲傷，這會讓我們充滿自憐、消沉想法和全然失去活力。或者也可能非常微妙，例如「就是不想做」，這可以源自多種不同情緒，導致我們就是**不**做我們明知**應該**去做的事。（聽過因循苟且吧？）

舉個例，我十幾歲時，我有個朋友在學校被打。幾個同學和我在旁邊看，我知道應該要助一臂之力，可是心裡有個什麼把我拉住。我不想出手，我很害怕。情緒贏了。或者一直以來，我常在酒吧看見漂亮女孩，很想過去打個招呼，但同時我又不想那麼做。我很害怕。多數時候情緒都占上風。當然我有很多堂皇的理由：其實她沒**那麼**漂亮，我實在沒那個心情，我到酒吧只是想和一夥好友聚聚等等。

是哪些情緒造成妨礙其實不重要。對我來說顯然大部分（我正努力改進）是恐懼，對你來說也許是憤怒、貪婪、怨恨或傲慢。這些情緒的問題不在它們存在，而是它們將我們擊垮，使得我們做出違逆自己認知的事。前面說過，我們的理性行動是幸福的根源，因此，當我們任由強烈的情緒混亂支配我們的行動，我們便無法獲得幸福人生。斯多葛派相信，這類激情不利於美好人生，而且會為許多人帶來苦難。我們大多數人都受這些情緒的奴役，我們也往往根據自己的情緒而不是價值觀行動。

因此斯多葛派要我們征服這些非理性的恐懼和慾念，如此一來我們才能遵循美德行事，進而獲致真正的幸福。再者，這些情緒往往違反我們的理性天性，因為它們無視於真正好的東西。當我害怕和一些女孩打招呼時，這份恐懼和我的無作為完全違反了美德，對不危險的東西懷有恐懼是不智而非理性的，而沒能克服內在的抗拒就是欠缺自律，完全就是怯懦。如果我們要實踐斯多葛主義，克服這些負面情緒是基本功。這是為什麼斯多葛哲學的一大關鍵就是避免負面情緒的發作，同時準備好有效地加以處理，當它們依然浮現時（它們一定會的！）也能不被擊倒。

所以訣竅是什麼？其實沒有訣竅（抱歉！）無論如何，有一些特定的心法可以幫助你對付具有挑戰性的狀況（這些心法詳見本書第二篇）。在一段簡明的旁註之後，我們將會討論我們之所以被負面情緒征服的兩個主要原因。一旦我們把這兩個因素降到最低，我們的負面情緒自然就減少，也就更能妥善地處置它們。

注意：人類大腦的構成是為了生存，而非為了茁壯興旺。我們祖先的主要目標是生存和繁衍。當時食物和水十分缺乏，而且危機四伏，因此他們隨時都在留意猛獸和敵對部族。這是為什麼我們的大腦發展出一種**負面偏見**（negativity bias），萬一突然遇上一匹狼，可就死定了。另一方面，萬一錯失了一次覓食機會，還會有下一次。因此，比起正面事物，專注於負面事物更為重要。

直到今天，我們仍然保有這樣的大腦——不斷檢視周遭是否有危險情況發生。因為演化，我們看見阻礙的能力強過看見機會。擔憂健康、財富和身分地位是我們的天性，我們看似需要這些東西才能生存。因此我們總是不自覺地拿自己和別人比較，關注可能的危險，追逐越來越多的東西。所以說，要是你覺得自己很消極負面，別擔心，這是正常的。然而，在當今世界中，這完全是適得其反，因為，畢竟我們非常安全，而且食物充足，因此在多數情況下，生存根本不成問題。沒有東西會在夜裡偷襲你，沒有敵對部族會燒掉你的茅屋。重點是，這些負面情緒會造成阻礙，我們必須把它們以及它們為我們的人生帶來的影響降到最低。現在我們就來討論一下，我們之所以被負面情緒擊垮的兩個主要原因。

我們總渴望自己掌控不了的東西

「激情的產生無非是因為慾望的落空。」愛比克泰德明白指出，當我們得不到自己想要的，負面情緒便會產生。這股失望「是痛苦、哀傷和妒忌的泉源，這會讓我們充滿羨慕和渴望，無法聽見理性。」

基本上，負面情緒來自想要得到或者害怕不受我們掌控的東西。之前提到，我們煩惱的根源是，我們老為那些我們掌控不了的東西操心。那都是些錯誤的價值判斷，我們把一些**無關緊要**的外在事物評定為好或壞。例如，錯誤地把物質判斷為**美好**或令人嚮往的，是人對財富和歡愉懷有渴望的原因。這類強烈渴望正是一種負面情緒，它接管了方向盤，讓我們不顧自己的價值觀做出可以立即滿足這渴望的事來。因為我們聽不見理性的聲音。記得吧，理性已經被捆綁、塞住嘴巴，丟到後車廂了。

錯誤的價值判斷也會反向而行。我們會錯誤地把一些像是下雨、討厭的人或貧窮等無關緊要的外在事件判斷為**糟糕**甚至可怕的，而這種對於事件的誤判會引起憤怒或恐懼。因此，是對於一樁事件的錯誤判斷引起了負面情緒，而之前說過，這些負面情緒會阻礙幸福人生，因為它們使得我們意氣用事，而非理性行事。

唐納・羅勃遜在他的著作《斯多葛主義與幸福的藝術》（*Stoicism and the Art of Happiness*）一書中說得好：「多數的凡夫俗子欠缺心靈的圓滿和平靜，因為他們的價值觀是混淆而相互衝突的。基於一種混合了享樂主義、物質主義和自我主義的價值觀，那種我們從周遭的愚蠢世界吸收來的可笑而自取滅亡的價值觀，我們把生命浪費在追逐幸福的幻影。」

我們渴求、害怕那些在我們掌控外的外在事物，我們天真地把健康、財富和名聲等無關緊要的事物判斷為對幸福人生是好的、甚至必要的；同時我們把疾病、貧窮和嘲諷判斷為對幸福人生不好、有妨礙的。這些對外在事物的慾望和恐懼是閃爍亮眼的警告標誌，上頭寫著：「你忘了基本功！回去把核心信念加強一下吧。」換句話說，基本的斯多葛信念還不是我們的第二天性，這些信念就是：美德是唯一真實的善，不在我們掌控內的東西終究是無關緊要的，而只有我們能為自己的繁榮興盛負責。只要我們老覺得事情的發生是有利或有害於我們，踩中狗屎會倒大霉，得到贈品會走運；只要我們一直擔心得不到自己想要的，而且因為得不到而沮喪，我們便永遠只是自己情緒的傀儡，而這些情緒都是源於對什麼是好、什麼是壞的誤判。

「除非你是蠢人，」愛比克泰德說：「才會希望那些不歸你管的事物歸你掌管，那些屬於別人的東西變成你的。」倘若我們能仔細區分那些操之在我，以及並非操之在我的事物，而後專注在那些操之在我的部分，其餘的則順其自然，那麼我們由於誤判而被負面情緒耍得團團轉的機會將大為減少。

然而，就算我們已決心這麼去做，還是會經常遇上另一種阻礙：無覺知。我們沒有充分意識到狀況，沒能專注在我們能掌控的，反而被自己的最初印象弄得心慌意亂，直到事後才發現自己誤判了事件。覺知的缺乏正是負面情緒之所以出現並且支配我們的第二個原因。

我們欠缺覺知、被印象牽著走

你可記得斯多葛哲人要我們全心關注我們的每一個動作？就像小心翼翼免得踩上玻璃碎片的情況？猜猜看，要是我們面對棘手狀況時沒有付出足夠關注，將會如何？我們會沒有能力檢視我們的第一印象，被它們沖昏腦袋。這些第一印象就類似某些行動**傾向**。可是當我們有了足夠的覺知，我們便可以介入其中，選擇一種最好的，肯定和第一印象截然不同的回應方式。

這裡有個我上洗手間的親身例子。我從書桌椅站起，走到洗手間，一眼瞥見馬桶水箱上的一包剛買的衛生紙。那是我前一天去採購雜貨時買的，算是非辦不可的事。看見它之後，我的腦子立刻閃過：「是啊，你買得好，可是尼爾斯（和我同住的哥哥）根本沒發現，一點感激的表示都沒有等等。」輕微的氣惱和不安感開始在心中浮現，我的腦子繼續自我合理化：「他確實**謝謝**你去採買雜貨了，況且他也分擔了不少家務等等。」幸運的是，我有足夠覺知可以認知到這種思維模式，介入其中，把這場典型的**自我需要認可**的心理戰叫停。我的負面情緒轉眼就消失了。

究竟發生了什麼事？情況（**剛買的衛生紙**）引發了可能會讓我生氣的機械反應（**抱怨這個那個**）。所幸，我有充分的覺知可以發現這點，立刻把它叫停了。如果是更具挑戰性的情況，我應該能運用理性，或只是冷硬的邏輯，客觀地看待整個情況。我應該會對自己說，做正確的事也就夠了。它本身就是獎賞，不需要得到別人的認可。如果當時我沒有意識到自己的非理性印象，我肯定會變得憤怒又氣餒，跑進我哥哥的房間，猛踹他幾腳。或甚至，負面印象會讓我情緒失控，我會有好一陣子無法冷靜思考，不理性地生我哥哥的氣。

所以說，欠缺覺知是危險的：當我們渾然不覺，就無法觀察並且辨識出我們的第一印象，而只能盲目地被牽著走。就如愛比克泰德所說：「當你放任自己的心思變得散漫，就很難再把它召回，無論是要它回歸禮節、謹慎或節制：但是你會屈從於自己的好惡，一想到什麼就付諸行動。」這正是之前我們討論過的，我們一旦被激情支配，便會像聞到香腸的狗那樣順從。理性會扯開嗓門大喊大叫，可是我們聽不見，因為我們整個人被激情的香腸吸引了。

當然，你可以辯說，即使在這個例子中，負面情緒占上風的原因是錯誤判斷，而不是欠缺覺知。那些情緒的產生是因為我不理性地判斷我哥哥不知感激。然而，你也可以辯說，許多誤判的發生是因為我們一開始沒有充分意識到狀況。我們沒有留意自己的每一步，結果踩中狗屎。或者我老媽沒有清楚意識到她已經喝掉多少咖啡，才會錯愕：「誰喝了我的咖啡？」當然，也許她給了咖啡過高的評價（有這可能嗎？）可是她的誤判背後的原因是她自己在喝咖啡的時候毫無覺察，多數情況是如此（抱歉，老媽，我偶爾也會偷喝個一、兩口）。

重點是，保持覺察能減少我們被負面情緒支配的次數。這點很重要，因為受到負面情緒的支配正是阻礙我們採取正確行動、進而獲得美好人生的主因。要記住，對斯多葛派來說，唯一的善在於我們的自發行動，而唯有當我們把覺知導入當下的時刻，才有可能產生自發性的行動。少了這份覺知，我們將任由自己被牽著走，讓自己的行為變得……借用愛比克泰德的說法，**可恥而又不顧一切**。唯有把覺知導入當下時刻，我們才能好好面對坦然接受外在事件的這個挑戰，同時藉由我們的反應培養智慧、正義和自律。憑著這份覺知，我們可以學習在日常生活情境中遵循愛比克泰德關於**容忍和捨棄**的忠告：

1 我們應當以勇氣和毅力去**容忍**我們非理性地害怕和討厭的事物。

2 我們應當藉由謹慎和自律，**捨棄**（或戒除）我們非理性地渴求的事物。

我們肯定需要覺知去偵測出非理性的恐懼和渴望，然後才能以勇氣和毅力去**容忍**它們，或者帶著謹慎和自律去**捨棄**它們。然而，覺知總是不夠用。並非每個人都能正眼注視著恐懼然後毅然去做。我就經常做不到。即使我清楚認知到自己的恐懼，知道這恐懼是非理性的，不予理會、放手去做才是明智的，但情緒往往戰勝我的勇氣。另一個例子是非理性慾望和自律之間的戰鬥。經過一整天的工作和繁忙課業之後，我察覺到一股想要查看新聞的慾望。我清楚意識到歡樂慾望和低落的意志力之間的交戰。贏的多半是意志力，但有時候我也會屈從於慾望。

覺知或許不足以讓我們每次都能照著自己的價值觀去做，但它肯定能替你爭取一些時間和空檔，讓你能看清楚狀況，而且起碼能努力作出理性的決定；這會讓你較能自主地理性行事，朝向幸福平順的人生邁進。它也能讓你避免常被非理性的情緒左右，同時減少做出蠢事（或踏上狗屎）的機會。

逐步前進，你將獲得成功。

PART 2

55種斯多葛心法

「讓哲學抹去你自己的錯誤，而非被用來譴責別人的過失。」

——塞內卡

第五章

如何修練斯多葛主義？

「的確，我們在講堂上口若懸河、能言善辯，每當出現關於行為觀點的細瑣問題，我們也總能合乎邏輯地探討主題。然而一旦將我們丟進實習測驗，你會發現我們將慘遭滅頂。」

——愛比克泰德

恭喜！你已經通過理論的部分，終於可以下水了。

不過要注意，在課堂上侃侃而談，並不代表我們已準備好進入實戰。了解理論和實際應用完全是兩回事，你會弄得一身濕。

或者像愛比克泰德說的，我們很可能慘遭滅頂。所以我們才需要練習。他說木匠得學習許多技藝才能成為木匠，舵手也得學習若干技巧才能成為舵手。顯然，如果我們想成為良善的人，我們也必須學習一些東西。

「走上前去，」他說：「好好運用你學到的東西。現在需要的不是更多詭辯，這些東西我們的斯多葛教科書裡多得是。現在我們需要的是實際去運用所學、用行動去見證自己所學的人。拜託，做個擔起這個角色的人，我受夠了老是必須在課堂上援引過去的範例，我真希望能舉出一個當代的典範來做例子。」

立志成為典範吧。別光學不練，而要修練、修練、再修練！因為，一旦蹉跎時日，愛比克泰德說，我們會忘了自己學到的知識，最後反其道而行，採信了和我們應當秉持的全然相反的觀點。

抱歉這麼說，但你不是超人。你不能只聽聞一次斯多葛理念，便指望能靠它們應付人生中的大小事。你必須像個職業運動員那樣勤練，每天到球場報到，比別人早到、晚離開。天下沒有不勞而獲的事。

記住，哲學就是教人如何生活。之前討論過，愛比克泰德把哲學比喻為工藝，就像木匠使用木頭，雕刻家使用青銅，在生活的藝術中，我們的人生便是我們的創作素材。

我們生活中的每一樁事件都提供了一塊我們可以用來自我鍛鍊的空白大理石。我們藉以學習使用鑿子和木槌，直到技藝嫻熟。哲學就是把它的原則應用在真實世界中。記住，我們要成為戰士哲學家，將我們學到的知識付諸實踐。

這就是本篇的主旨。你會看見五十五種富有實用建議的斯多葛心法，每一種都可以單獨運用。為了便於閱讀，我們把它區分為三類心法。第一類是你可以自己進行的**預備心法**。你不需要實際的生活情境來進行練習，在家中便可進行。第二類是用來對付**生活挑戰**的心法：面對壓力時該如何自處。第三類是有關**人際互動**的心法：如何對付難纏的人。

切記，不同的方法對某些人有效，對其他人未必有用。把這些心法當成建議，而非僵硬的規則。嘗試這些心法，有用的就繼續，沒用的就略過，別想太多。

介紹心法之前，我們很快地來看一段傳奇，以及能夠幫助你善加利用這些心法的三個重要細節。

打起精神

「你認為如果沒有獅子、九頭蛇、牝鹿或野豬，還有試圖消滅世界的野蠻罪犯，海克力斯會變成什麼樣子？少了這些挑戰，他還能做什麼？」

——愛比克泰德

如果沒有奮鬥拚搏，傳奇英雄海克力斯將會如何？

「不用說，」愛比克泰德說：「他將只能在床上翻個身繼續睡覺。只是在鼾聲中舒服安逸地度過一生，他永遠不可能進化成無敵的海克力斯。」

沒了奮鬥拚搏，你欽佩的人會如何？你的母親？那位你評價極高的同事？網球天王羅傑．費德勒或者其他超級巨星？

有件事是確定的，沒了他們在人生中面對的各種挑戰，他們絕不可能有那等成就。困境很重要，那是我們走這一遭的目的。塞內卡說：「神不會寵幸溺愛一個好人，祂會試煉他，強化他，讓他有能力盡自己的任務。」

你這一生遭逢的所有逆境，那些都是試煉。只是一種心法。人生本來就不輕鬆，人生本來就充滿挑戰，以確保你能真正成長。「那些令我們哆嗦顫抖的事，其實是為它們所降臨的那些人好。」塞內卡說。

每當你發現自己身陷困境，提醒自己，海克力斯正是因為他遭逢的那些挑戰而變得強大。人生原本就不時會遇上困難。抬頭挺胸，你會安然度過的。

現在我們就來看看能幫助你充分利用所有心法的三個有用的細節。

專注用心

斯多葛主義不是一條容易遵循的道路，有許多原則要謹記在心並且奉行。

而最重要的先決條件就是：你要意識到周遭發生的一切。因為斯多葛哲學在相當程度上是關於對我們周遭世界所發生的事如何作出反應。發生什麼事並不重要，重要的是我們如何面對它。

為了能有效處理發生的事，並且注意自己的反應，我們必須意識到周遭的狀況。我們必須能夠介入刺激物和反應之間，我們必須能夠不隨著自己的衝動起舞，後退一步，客觀地看待整個情況。

斯多葛主義要求我們要能避免衝動地對發生在我們身上的事作出反應。它要求我們迅速找到自己的最初印象，以便確認我們有能力去選擇好的反應方式。一旦我們能夠找出自己的無意識印象，我們就可以檢視它們，主動選擇是否要順應該印象。

要知道，覺知是任何重大改變的第一步。如果你沒察覺自己的人生出了什麼問題，你怎麼會想要修補它？如果你沒領悟到自己在發怒，你怎麼會想要避免再犯？「意識到犯錯是通往拯救的第一步，」塞內卡說：「你必須先發現自己犯了錯，然後才能改正它。」

斯多葛主義要求我們能夠察覺自己時時刻刻的所作所為。有關美德以及隨時表現出至高自我的這個概念，正是基於我們活在當下、了解整個狀況的能力。否則我們要如何選擇自己的最佳行動？

實際上，我們的自發性想法和行動是我們唯一能掌控的東西，而它們只存在於此時此地。當我們發呆、沉溺於過去或者夢想著未來，我們沒辦法選擇該如何行動。

因此，我們應當全神貫注在當下時刻，不被過去或未來分散了注意力。然後我們才能妥善地面對眼前的挑戰，試著接受它的原貌，選擇一種合乎我們價值觀的反應方式。

基本上，我們應當留意自己的每一步。如前所述，我們應該像老鷹般緊盯著自己，把等同於赤腳走在玻璃碎片上的專注力投入當下。想要有效地實踐斯多葛主義，這份專一、持續的自我觀察是必要的。

別擔心自己不夠專注。你還是可以練習接下來介紹的大部分心法。而且，事實上其中有好幾種還能改善你的正念。這種覺知的培養是斯多葛主義的一部分。你將會越來越能夠從自己的衝動狀態中退開來，分析它們，質疑它們的正確性，然後選擇你最明智的一種反應。

充實你的自律

練習斯多葛主義可不像看電視，是需要努力的。你必須有具體的作為。多數心法實際做起來是需要自律的。有些非常具挑戰性，不怎麼好玩，而且還會消耗你的意志力。但這是競賽的一部分，而且和人生的許多事情一樣，如果你想練好標槍，就得不斷訓練；如果你想加強舉重能力，你就得勤加鍛鍊。

斯多葛主義也一樣。需要努力和紀律，但這同時也能培養容忍和自律。它會讓你變得堅強。就像舉重能讓你的肌肉更健壯，練習斯多葛法則能讓你的意志更堅強。

沒錯，很費勁。但如果你想追求進步，總是要付出代價的。這些心法能讓你變得更加強韌、寧靜、勇敢、有紀律等等。此外，你必須記住，不採用並且實踐一種人生哲學，是要付出代價的。作家威廉．厄文坦率地解釋了這種代價：「也就是日復一日追逐毫無價值的事物，因而虛擲一生的危險。」

決定在我們。我們可以欣然投資然後收割好處，或者不那麼做，冒著浪費生命的風險。

要知道，可能的獎賞比起你必須投入的努力大多了。說真的，這項投資非常划算。收穫很多，卻只要付出一點努力。厄文描述了你投資之後會得到什麼：「斯多葛奉行者能把自己轉化為擁有驚人勇氣與自制的個人。他們敢為他人所不敢為，敢拒他人所不能拒。」

如果你願意付出些許努力，你也能成為這個出色的個人。就算你不樂意採行這些心法，還是要去做。你非這麼做不可，別光是讀、點點頭然後繼續過日子而不付諸實行。這對你沒有任何好處。

記住，自律就像肌肉，你越是用它，它就越強壯。因此，每當你決定克服最初的障礙，採行一種心法，就是在鍛鍊自己的自律和意志力。

如果你今天做了，很可能明天也會去做；如果今天沒做，明天繼續做的可能性就低了。

別自稱哲學家

根據愛比克泰德的說法，奉行斯多葛主義是會被人取笑的。「倘若你熱愛哲學，最好一開始就作好被取笑、被許多人嘲弄挖苦的準備。」

我不知道這話是否適用於現在。我不太提自己在修練斯多葛主義的事，因此我沒遇過有人為此嘲笑我。無論如何，如果你真的因為想要自我精進而被朋友奚落，你或許該重新思考這樣的友誼。

「記住，」愛比克泰德又說：「倘若你持續遵守這些法則，那些起先嘲弄你的人最後將會景仰你。」

因此，就算你因為獻身於自我精進而被嘲笑，或者有人讓你難堪，記住，只要你堅定不移，這些人遲早會欽佩你。

想確保沒人會揶揄你，最簡單的訣竅同樣來自愛比克泰德：「無論如何絕不要自稱是哲學家，尤其不要向一群門外漢談論你的哲學信念，而只要遵循你的信念去做。」

不要提起你對斯多葛主義有興趣，只要奉行這哲學。當然，如果有人發現你的正向變化，想知道你是怎麼回事的時候，你還是可以告訴他們。這是威廉・厄文在《善用悲觀的力量》（*A Guide to the Good Life*）一書中分享的第一個祕訣：「我提供給那些想要嘗試斯多葛主義的人的第一個訣竅是，採取我稱之為祕密斯多葛主義（*stealth Stoicism*）的做法：只要守住你是一個斯多葛奉行者的祕密，你便會安然無事。藉由在暗地裡修練斯多葛主義，你將得到它的益處，免除掉一個重大代價：來自你的親朋好友、鄰人同事的取笑以及毫無保留的嘲弄。」

展現，而不要說明你所學到的。

下水吧！

第六章
預備心法

斯多葛主義很嚴格。它要你時時刻刻表現出至高的自我，它要你專注在自己掌控得了的事情上，其餘的則泰然處之。它要你認知到自己能夠以建設性的方式去理解事件的能力，它也要你為自己的幸福安康負起責任。接下來的二十一種預備心法和策略，將幫助你作好應付各種人生挑戰的準備。

所有這些心法並不需要特別的生活情境，可以隨時採行，也幾乎沒有地點限制。你實在沒有理由不去做。你需要付出的就只是幾分鐘的時間和若干自律。

你會發現有不同類型的心法：

- 該採取的心態
- 視覺化心法

・寫作心法
・寫日誌心法
・戶外心法
・生活型態的調解

準備好了嗎？開始吧！

★心法 1
斯多葛的默許藝術：去接納、去愛一切無常

「世界啊，我與你那偉大和聲的每個音符融合為一。對我沒有什麼是太早，沒有什麼是太晚，只要對你是合時宜的。大自然啊，你的四季所生產的一切都是我的果實。」

——馬可．奧理略

接受、而不是對抗每一樁小事。我們在第三章討論過斯多葛的接納。如果我們抗拒現實，

如果我們認為事情會對我們不利，如果我們對抗既成的事實，我們便會心生苦惱。因此，我們不應當期待現實有所改變，而要接受它原來的樣子。

「倘若這是大自然的意旨，那就這樣吧。」這是斯多葛的生活箴言。今天我們也有類似的諺語：「祢的意旨將完成。」至於我們是否稱它為上帝、大自然、幸運之神或命運女神，並不重要；但我們必須認知到，有一個比我們更為強大的力量，我們無法掌控我們周遭所發生的一切。

默許的藝術是指心甘情願接納外在事件。即使大多數人認定那是「不好的」，也要接納。愛比克泰德說，身為哲學家，我們應該順應一切無常，這麼一來就沒有任何違逆我們意志的事會發生，也沒有任何我們盼望的事會落空。讓你的意志和周遭發生的一切取得協調。就如塞內卡所說：「命運引導那些樂意的，一路拖著那些不情願的。」

還記得狗被推車牽著走的比喻吧？那隻狗可以享受牠的旅程平順地跟著推車跑，或者牠也可以頑固地抗拒推車的引導，但依然被拖著一路往前。如果我們抗拒發生的事，那麼我們便會像那隻狗一樣，一路被拖著走。這就叫苦惱。

較聰明的做法是接受現實，然後專注在自己能力所及的事情上。之前說過，一個撲克高手的特徵在於，不管手中有什麼牌，他總能發揮到極致。到頭來，贏的不是那個看似好牌在手的人，而是那個能把一手牌玩出名堂來的人。

你無法決定自己會拿到好牌或爛牌，只能決定你想不想打好這個牌局。你在撲克牌局或人生中拿到的牌都是無關緊要的，要學著不去評斷，**平等地**看待它們。倘若你能做到這點，倘若你能接受，而不是抗拒發生的事，那麼你將不再被無常的世事左右。

看看這個感人的例子：

在實驗室忙了一天，六十七歲的湯瑪斯．愛迪生回到家中。晚餐後，一個人跑來緊急通報，說幾哩外的研究校區發生了大火。消防車止不住火勢。在化學製品的助燃下，黃綠色的火焰竄上高空，眼看就要將愛迪生花了一輩子建立起來的王國整個摧毀。當愛迪生趕到現場，他立刻告訴兒子：「去把你母親和她那票朋友叫來，她們再也看不到這麼壯觀的大火了。」

多棒的反應，對吧？失去大半輩子的努力結晶，他非但沒有感到哀傷或憤怒，卻接受了事實，而且努力化險為夷。第二天他著手重建被火災毀壞的部分。這就是打得一手好牌。這就是逆來順受。

而且，這例子顯示，斯多葛的接納和消極退讓完全是兩回事。第二天愛迪生便開始重建一切。他泰然接受了他的命運，而且盡力而為。這正是斯多葛派給我們的忠告。不要抗拒現實，而要讓你的意志和它取得和諧，然後專注在你能力所及的部分。

馬可．奧理略有個讓自己的意志和現實和諧一致的竅門。他把發生在我們身上的事比喻為醫生開給我們的處方。就像我們遵照醫生的叮囑服藥，我們也應當接受外在事件原來的樣子，因為它們就像對我們有益的藥物。

發生在我們身上的事就是大自然給予的療法，要我們成為更好的人。這些事情的發生是為我們**好**，不是要對我們**不利**，儘管看來並非如此。

這是我的想法：大自然太複雜了，人無從知道發生的事究竟是好是壞。你永遠無法預知不幸會有什麼結果，你也永遠無法預知好運會有什麼結果。因此，我試著接受一切，當它是我自己的選擇。這麼一來，我便從一個滿腹牢騷的受害者，轉變成一個負責任的創造者。

（我高度推薦你觀看這段兩分鐘的 YouTube 視頻：The Story of the Chinese Farmer「中國農夫的故事」）

★心法 2 為行動設下保留條款

「我將航越大洋，只要沒有任何事阻止我。」

——塞內卡

保留條款是一個用來保持沉著寧靜的典型斯多葛技巧。它能幫助你接受自己的所有行動的後果。當你打算去做一件事，記得加上「只要沒有任何事阻止我」這個限制條件。

塞內卡用以下的公式來定義保留條款：「我想做這個做那個，只要沒有任何會對我的決定造成阻礙的事發生。」我打算這麼做，如果命運允許，我會盡力去做，但結局終究不是我控制得了的；我無法確保事情會有預期中的結果，但我會盡最大的努力。

- 我將航越大洋，只要沒有任何事阻止我。
- 這個周一和周四我會去健身，只要命運允許。
- 我會擊中標靶，只要上帝保佑。

你帶著結局不是你能控制、你願意冷靜接受一切不如人意的結果的態度，著手去做一件事。別人假定事情**當然**會有好的發展，萬一沒有，他們會抗拒現實，飽受折磨。和斯多葛派一樣，我們把保留條款融入我們所做的每一件事，而且預知可能會有某些因素干擾、阻撓我們預期的結果。我們不預先承諾會成功，因此，萬一失敗也比較容易接受，而我們也會較快重新站起來。而且我們會得到自信，因為我們沒有過度依賴結果。

憑著這份對結果的超脫，我們將能保持內心的寧靜，不會因為一旦結果不如預期而沮喪。

保留條款包含兩個重點：

1 盡你所能去達到成功……

2 ……同時了解、接受結果並非你能直接掌控的這個事實。

這是維持自信的最保險方法：①你盡了一切努力去追求成功，②你明白結果不是你能掌控的，③你準備好平等地接受成功與失敗，而且④你會繼續時時刻刻過著美德生活。

這又回到了斯多葛弓箭手。專注在你能掌控的，其餘的順其自然。專注在過程，努力、鍛鍊、準備充分，然後準備好平靜地接受一切結果。保留條款正好能幫助我們做到這些。如果我們射出箭矢時加上這個限制條件，我們會意識到結局由不得我們，而我們會準備好平等地接受成功與失敗。我們只負責盡力做好射箭的動作，但不負責射中標靶，那個決定在命運。

歸根結柢：要知道，有時候即使你盡了全力，事情也不會照著你的意思發展，這無關乎你夠不夠格，別把你的個人抱負和世事的變化無常混為一談。

★心法 3
阻力就是助力

「加諸行動的障礙會推進行動，阻礙道路的將成為道路。」

——馬可・奧理略

「無疑是史上克服所有負面遭遇的最強公式之一。」這是萊恩．霍利得對馬可．奧理略上面的話所提出的觀感。他又說：「一種非但無視於困境、更是**來自於**困境的成功公式。」

萊恩．霍利得根據這個公式寫了一本書，《障礙即是道路》（*Obstacle Is the Way*）。主要觀點是，生命中的困難和挑戰，唯有當我們讓它們成為障礙時，才會成為障礙。關鍵在於我們如何看待所有挑戰！我們可以看見障礙然後裹足不前，我們也可以看見機會然後往前邁進。

每一個挑戰都隱含著一個成長的機會。如果我們意識到這點，我們便可以確定那阻擋我們的東西——退縮和掙扎，實際上將**壯大**我們。我們早料到會有拚搏掙扎（還記得心法 2 的保留條款吧？）而且知道他們將提供一塊可供我們磨練技藝的空白大理石。

在斯多葛主義中，這永遠是一種可以鍛鍊美德——勇氣、謙遜、理性、公正、容忍、自律和寬恕的機會。什麼都阻止不了我們這麼做。美德永遠在我們掌控之中，用美德去回應任何特定的情況總是可能的。阻礙道路的變成了道路。又一個可以讓你練習成為最佳自我的機會。

不管生命丟給我們什麼考驗，我們總是有機會的。我們會遭到挑戰、阻攔，或者我們會奮戰到底？我們要不退縮，要不成長。逆境提供了讓我們可以到達做人的更高層次的台階。沒了這種機會，我們將無法成長，只會原地踏步。

想像一場大火。每一種障礙物都被燒光，成了燃料。如果沒有任何東西擋著，火便熄滅了。你就是大火。沒有什麼是真正的障礙物，因為它們只會滋養你，使你更強大。馬可．奧理略把這種利用障礙物作為燃料的能力叫做「翻轉障礙」。

每當你遭逢阻礙，利用這障礙實踐你最重大的人生目標——過美德的生活，表現出最高版本的自我。沒有什麼能阻止你這麼做。你將持續進步，而新的障礙，呃，機會，也總是會不斷出現。利用它們作為燃料來磨練你的技巧，是你能力所及的。

一切都要歸結到你的感受。同樣的情況可以被視為鍊在你腳上的鉛球，或者從你的肩胛骨長出來的一對翅膀。你如何詮釋挑戰，對於你是否能成功克服它至關重要。總之，重要的從來就不是挑戰本身，而是你理解它們的方式。

「倘若你被外在事物所擾，讓你煩惱的不是這件事，而是你對它的判斷。而且你有能力馬上把這判斷抹去。」馬可．奧理略說，你的判斷可以把一樁事件變成障礙或機會。決定在你。

你可以在一切事物中找到成長的機會。你永遠可以努力地把障礙翻轉，找到用美德回應的方法。

嘿，這可不是戴著玫瑰色眼鏡看世界。不用說，壞事年年有。我只是想讓你知道，你永遠都有機會。當情況似乎對你不利，你可以把頭埋在沙裡，或者你也可以抬起頭來，尋找成長的機會。

久而久之，你將漸入佳境，而且將達到一個擁有無限內在寧靜，再也沒有什麼可以撼動你的境地。你將能夠隨時有效地處理生命派給你的一切挑戰。

★心法 4
提醒自己世事多變

「當你親吻孩子或妻子，要反復告訴自己，『我親吻的是凡人之軀。』」

——愛比克泰德

變化是大自然的普遍法則。世事變化無常，生命很短暫，我們關心的人可能毫無預警地瞬間被攫走。所以馬可．奧理略常用一個隱喻來提醒自己，亦即時間有如長河，萬物在其中漂流而過：「要經常想著，已經存在以及即將存在的事物，是如何從我們身邊倏忽飛逝、杳無蹤跡。因為一切物質就如一條永不停息的河流，它的活動變化多端，它的流向千迴百轉，幾乎沒有什麼是安定的。」

世事不斷變化，漂流而過，新事物來了又去。因此，我們應當提醒自己我們的親人有多麼珍貴，因為或許不久他們也會漂走。讓我們珍惜此刻擁有的，因為明天它可能就會消逝。生命本無常。

要記住你何其幸運，能享有你所擁有的一切，而這份福氣可能轉眼間便結束，而你很可能再也沒有機會享有這些東西。學著享受一切事物和人，而不受羈絆，不執著。

心中懷著河流的隱喻，你會減少對你所愛事物的眷戀，也會降低對你所討厭事物的畏懼。

因為你認知到一切猶如過眼雲煙，包括你厭棄的事物。一般而言你感受到的外在事物的重要性會減少許多。

了解到沒有什麼是永恆的，會讓你減少依戀，當事情變化或者當你失去所愛，也會比較容易接受事實。愛比克泰德提醒我們，當我們喜愛像水晶杯之類的東西，我們應該記住它實際上是什麼，如此一來當它破碎了，我們將不會過於煩惱。他又說：「對人也應該如此：當你親吻你的孩子、兄弟或朋友……你必須提醒自己，你愛的是凡人之軀，你所愛的一切都不屬於你，只是暫時賜予你的，並非永遠不可分離，而是像特定季節的一顆無花果或一串葡萄，如果你渴望在冬天得到它，你就是個傻子。同理，如果你渴望得到你的孩子或朋友，而那並不是讓你能擁有他的時機，要知道你是在冬天渴望一顆無花果。」

下次你和所愛的人道別，默默提醒自己，這或許是你們的最後一別。你對他們的依戀會少一些，而如果你們再度見面，你會加倍感激。

許多發生在我們身上的事是我們改變不了的。但我們可以採取一種高貴的氣魄，勇敢地承擔大自然派給我們的所有變異，讓我們的意志和現實和諧一致。

如果沒有無花果，就是沒有無花果。

世事多變。當你讀本文時，去覺察這當下的時刻有多麼短暫。咻一下消逝了。拿這一刻和一整天、一整週、你的一輩子作比較。事情會改變，你會改變。想像一下那些在你之前活過的人，以及那些即將在你走之後上場的人。把視角放大到整部人類的歷史……。

懂了吧？萬物來來去去。沒有什麼是長久的。

★心法 5
思索自己的死亡

「我並非永恆，而只是人類，整體的一部分，就如一個鐘點之於一天。如同一個鐘點，我必須來，然後，如同一個鐘點，溜逝。」

——愛比克泰德

世事多變，趁你還能擁有的時候享受你的所愛。別的不說，你自己的死亡也會讓它終結，我們最害怕的莫過於自己的死亡了。這恐懼是非理性的，斯多葛派說，只是生者製造的流言。由於這份恐懼，我們不去想自己的死亡。是啊，別人會死，我們可不同，我們總覺得自己是不朽的。然而並非如此。當心，發生在別人身上的事也會發生在你身上。

我們不知道自己的心臟還能跳動多久，這不是我們能決定的，我們只能決定**當下**要**如何**活著。為了不負此生，斯多葛派建議我們，把今天當作生命最後一天那樣活著。

「就當自己已經死了，」馬可．奧理略說：「你已經過完一生，然後帶著剩下的，好好過生活。」把今天當最後一天活著，意思**不是**說在毒品、二十一點撲克牌賭博和妓女當中鬼混度日。而是要不時地反思一個事實：你不會永遠活著，你是凡人之軀，說不定明天早上你不會醒過來。如同一個鐘點，你將會溜逝。

目的不是要你非要改變你從事的活動，而是改變做這些活動時的心態。思索自己的死亡不會讓你沮喪，不會的，它只會增進你的生活樂趣。它會變成你的優勢，你再也不會把事情視為理所當然，而會更懂得欣賞每一件小事。你將細細品味每一分每一秒，因為你充分意識到，所有這一切不是無限期地被賜予你的。

思考自己的死亡能讓你不再作無謂的選擇，把時間浪費在瑣事上，你會比較清楚自己想把時間用在哪裡。它會讓你集中心思在真正重要的事情上——你這輩子想成為什麼樣的人。它能幫助你過美德生活，無論你一路走來錯過了多少。生活就在當下，你想藉由時時刻刻展現出至高的自我來充分利用它。

對此古羅馬人有個名詞：*Memento mori*（記住你是凡人）。把它牢記在心，你不僅會更加珍惜你的人生和所愛的人，你的日子也會過得更精采。馬可．奧理略建議你每天早上提醒自己：「當你清晨醒來，想想能夠活著去呼吸、去思考、去享樂、去愛，是何其珍貴的一項恩典。」

★心法6
把一切想成是向大自然借來的

「我們沒有理由自滿，以為被自己的財富圍繞著；其實它們不過是暫時被借給我們罷了。我們可以使用、享用它們，可是那個分配禮物的人決定了我們能當租借人多久；我們的責任是無限期保管我們被賜予的禮物，並且在受到召喚時歸還它們，沒有怨言。欺瞞債主的欠債人很可悲。」

——塞內卡

你真的擁有任何東西？

你的車子、筆電、貓？你的軀體、社會地位、人際關係？不，因為這些東西都可能在瞬間被拿走。或許你努力加班，付出高價以求擁有這些東西，然而它們隨時會消失。命運、惡運或死亡可能毫無預警地把它們剝奪。

車子？被偷了！錢？花光了！貓？跑掉了！妻子？死了！崇高的身分地位？沒了！我們沒有準備好應付這類損失。我們認為自己擁有這些東西，一旦它們不見了，我們才發現自己並不擁有它們。這實在太讓人難以承受了。我們傷心欲絕、失落而且以淚洗面。

塞內卡說我們應付不了這樣的損失，因為我們根本沒意識到自己有可能失去這些事物。

我們從來不預先設想不幸的狀況，結果就驚慌失措了。可是我們怎麼會如此無知無覺？

因為視而不見。

塞內卡在他寫給瑪西亞的慰問信中說到，我們可以看見那麼多送葬隊伍從門前經過，卻不去思考死亡。那麼多悲傷的葬禮，我們卻依然深信我們的孩子會活得比我們長久。許多富人散盡家財，我們卻不認為自己會發生這種事。

那麼多**協尋加菲**的傳單掛在街頭，我們卻不去想我們的**小虎**也可能會走丟。我們怎麼會看見世上有那麼多不幸發生，卻不去想我們可能也會遇上？

我們閉上眼睛。我們忽略它。我們認為自己百毒不侵。我們把事情視為理所當然。這份無知將讓我們付出極大代價，到頭來我們將被擊垮，無以招架。

這正是為什麼塞內卡建議我們把所有一切當作是從大自然借來的。你並不擁有任何東西。你自以為擁有的一切都只是暫時借給你的。不是贈禮，而是一旦出借人想把它要回去，你就得歸還的東西。而且就如塞內卡所說：「欺瞞債主的欠債人很可悲。」

把你擁有的一切當作借來的：你的摯友、配偶、子女、貓、健康、身分地位、車子和筆電。這些東西都是人家借給你的。要留心這點，同時預見到，出借人拿不準什麼時候會把它們要回去。

如此一來，不幸對你的打擊力道將會減緩許多，而你也能比較有效地應付它。

到頭來，我們兩手空空的來，也將兩手空空的走。

★心法 7
負面想像：預見壞事

「正是在無須戒慎防範的期間，人應該預先強化自己，來因應較緊急的狀況；而也就是在幸運之神仁慈的時候，人應該壯大自己，以便對抗她的暴戾。在和平的日子裡，士兵會進行操演，即使眼前沒有半個敵人，也都要搭起土木工事，而且不厭其煩從事多餘的苦役，只求必要時能與敵人抗衡。倘若不希望有人臨陣退縮，就在平日好好操兵。」

——塞內卡

你有沒有預先防範，以避免壞事發生？

多半是有，我也是。但無論我們多麼小心，有些壞事就是會發生。此時這個威力強大的斯多葛工具就派上用場了。**負面想像**是一種讓你可以預見壞事發生的想像練習。它能訓練你無論面對什麼樣的人生困境，都能保持冷靜，並且有效地對應。

斯多葛派的一個重要目標是，即使遭逢逆境，都依然能保持冷靜沉著。如此你才能遵循你的價值觀過生活，同時展現出最高版本的自己，而不會驚慌失措。

這是需要訓練的。斯多葛派運用負面想像來訓練自己，即使面對棘手的情況，也能保持鎮靜並且從容應付。他們這麼做是為了減緩現實的衝擊，獲致更大的心靈寧靜，但同時也為了演練斯多葛哲學的核心信念，深化他們的價值觀。

把這種思考訓練看成一種**預見**。在你打算去做任何事之前，先問自己：

- 哪裡可能會出錯？
- 什麼障礙可能會突然出現？
- 我可能在哪裡遇上困難？

這是情緒復原力訓練。趁著情況順利的時候，你預先訓練自己面對艱難的狀況。如此，當情況惡化時，你將有能力去應付。這麼做能讓你避免被擊垮，就如萊恩·霍利得的深刻分析：「天崩地裂！我們被某個事件徹底擊潰、震驚莫名的感覺，是我們一開始難以接受這件事會發生的一個因素。」

經由想像艱困情況突然找上你的練習，你可以訓練自己在事情**一旦**發生時不至於震驚到六神無主，而且還能展現最佳的自己。

基本上，你是在腦中想像未來可能有的糟糕情節。出發去旅行、推出新產品或者去約會前，預先問自己哪裡可能出錯。想像那些負面的事，就當它們**正在**發生。當你在腦中看見壞事正在發生，試著保持冷靜並且用最好的方式去回應。

注意：「負面想像」一詞可能會讓人產生誤解。我們討論斯多葛幸福三角的第二角時說過，外在事物無所謂好或壞，而是無關緊要。這正是這項斯多葛心法的基礎：沒有任何外在不幸真正算得上糟糕，因為那不是我們能掌控的。只有我們對它的反應有好壞之分，而我們訓練的目的也就在此，讓自己能夠以美德妥善回應。

還有一點：或許你會覺得，**負面想像和之前的心法似乎很相似**。完全正確。提醒自己世事無常、人非永恆，以及你擁有的一切都是借來的，也都是負面想像的形式。

最後是塞內卡的提醒：「命運只會沉重落在那些沒料到她會降臨的人身上，那些隨時警戒的人將輕鬆挺住。」

★心法 8
自願吃苦

「但無論是牡牛或精神高尚的人，都不是一朝一夕養成的；他必須承受嚴酷的冬季訓練，自我鍛鍊，絕不魯莽地勉強自己去做不正當的事。」

——愛比克泰德

我們就來承受一些嚴冬訓練吧。斯多葛派把負面想像進一步發揮，他們不單是想像壞事發生，更親身去實行它！

他們建議要偶爾施行吃苦頭訓練，以便將來能好過一些。這麼做可不是為了拿鞭子懲罰自己什麼的，而是為了鍛鍊耐力和自制力。這項訓練可以降低你對物質財富的慾望，增加對自己所擁有一切的珍惜，同時訓練自己，一旦真正遇上困頓處境時能有效地面對。

基本上，你要處在你覺得不舒適的狀況，而能夠甘之如飴。

我們來看看三種自願吃苦的形式：

1 **體驗貧窮**：塞內卡建議花幾天過一過赤貧生活。「要滿足於少量而廉價的食物、粗陋劣質的衣服，在這同時要對自己說：這是否就是我害怕的狀況？」

具體做法不妨自由發揮：一整天只喝清水；每天只花少於一百元的伙食費，為期一週；試著禁食一、兩天；穿又髒又舊的衣服；緊縮預算生活一個月；如果你是狠角色，可以到橋下住一晚。

2吃點苦頭：拿小加圖（Cato the Younger）做例子。他是古羅馬共和國參議員，斯多葛學派的熱心學徒。他實踐自願吃苦的方式可說無人能及，他穿著惹得眾人訕笑的異常服裝在羅馬逛大街；他打赤腳、沒戴帽子在大熱天和雨天漫步；而且他還實施限量飲食。

你也可以這麼做。例如，在冷天穿薄衣，明知自己會冷得難受；假裝你的床上爬滿蜘蛛，在地板上睡一晚；想像沒有熱水，沖個冷水澡；假裝你的車子故障，改搭公共運輸。

在軍中，大家都知道這類訓練，還說：「沒下雨，沒訓練。」**趁著**下雨，去進行一趟毅力跑步吧。

3刻意放棄享樂：除了想辦法吃苦頭，也可以單純地放棄享樂。故意錯過一次吃餅乾的機會，不是因為餅乾不健康，而是因為你想加強自己的自制力，體驗一點刻苦的感覺；故意不看你最欣賞的球隊的比賽，或者不跟朋友一起去參加派對。

或許這聽來有點反享樂的味道，但這其實是在訓練你成為一個敢為他人所不敢為、敢拒他人所不能拒的人。

記住愛比克泰德說的，你必須承受嚴冬訓練，才能成為你想成為的人。趁著情況不錯的時候加緊訓練，一旦情況惡化，你便能輕鬆應付了。

再次強調，這不是自我懲罰，而是擴展你的舒適圈，讓自己適應困頓的處境，同時加強自律、情緒復原力和自信。訓練自己去做不容易做到的事，也訓練自己對難以抗拒的事說不。最後，這並不是要你捨棄生活中的一切舒適設備。你可以保留你要的任何享受，舒服的床、美味食物、熱洗澡水、保暖衣物，只要偶爾拋開這些東西就行了。

★心法 9

準備迎接這一天：斯多葛晨間修練

「當你清晨醒來，告訴自己：我將會遇上好管閒事者、忘恩者、自大狂、騙子、善妒者和怪人。他們全都受到這些苦惱的折騰，因為他們無法區分善與惡。」

——馬可．奧理略

斯多葛派提倡最力的修練之一是關照內在、檢視和反思。最佳施行時刻？清晨起床後，以及晚上就寢前。

愛比克泰德建議在早晨預習一整天的活動，在晚上回顧你的進展。在黎明時刻，我們應當問自己幾個問題：

- 為了真正從負面情緒解脫，我還有什麼不足之處？
- 我還需要做什麼，才能獲得寧靜平和？
- 我是什麼？一個理性的生物。

這麼做是為了讓自己一天天不斷精進，一步步朝目標邁進。同時，我們應當提醒自己我們的**理性**天性，免得把自己（過度）等同於身體、財富或身分地位。我們更該追求的是更大的理性和美德，省思自己的行動。

馬可．奧理略建議在清晨提醒自己：「能夠活著去呼吸、去思考、去享樂、去愛，是何其珍貴的一項恩典。」而就如本節一開始的引言所示，他也要我們準備好在一天當中遇見各式各樣的麻煩人物。（見斯多葛心法 7 負面想像）。

你幾乎每天都免不了會會遇上一、兩個怪胎。問題是：你準備好面對了嗎？如果你在清晨作好預習，你將有極大機會可以隨時以耐性、寬容、諒解和慈悲去面對麻煩的人際互動。

在此強調：你並不是準備去對抗每個人，你只是準備好在一個並非人人都像你一樣準備充分的混亂世界中，理性而明智地行動。馬可進一步提醒自己，這些和他過不去的人都是他的同類，「不是和我有相同的血緣或出身，而是同樣的心。」這些親人既不會傷他也不會對他發怒，因為我們生來就是為了互助互愛。

塞內卡每天清晨都會提醒自己世事無常。「智者會以這個想法展開每一天，『命運賜予我們的都是我們無法真正擁有的』。沒有什麼東西是固定不變的，無論是公共或私人的。」任何耗費多年建造起來的東西都可能在轉眼間被摧毀。敘利亞和馬其頓有多少城鎮在僅僅一次地震中遭到吞噬？塞浦路斯又有多少次被這樣的災難夷為廢墟？

「我們活在萬物皆註定要死亡的世界。你生為凡人，你也孕育了凡人。設想一切，預期一切。」*Memento mori*（記住你是凡人）。這種清晨的心理準備能幫助你專注在重要的事情上，讓你能夠隨時以鎮定、適應力和耐性面對各種困難。

預期一切，作好準備。唯有如此你才能隨時展現最佳的自我。

如果你希望即使身處風暴都依然能保持鎮定，並且做好自己，清晨的預習至關重要。

你可以依自己的喜好修改斯多葛派的晨間修練。也許你想擬定一整天的計畫，也許你想給自己來段精神講話，也許你想做做運動、冥想或寫日誌，也許你想邊淋浴邊唱歌。隨你發揮，只是務必要養成每天作清晨修練的習慣。

謹記：「你生為凡人，你也孕育了凡人。設想一切，預期一切。」

★心法10

回顧你的一天：斯多葛夜間修練

「利用這機會，我在我自己的法庭上為自己辯護。當天光暗下，我的妻子熟知我的習慣而安靜下來，我開始回顧我的這一天，檢視著自己的所言所行，然後說，我對自己無所隱藏，我對自己無所迴避。我對自己的錯誤無所畏懼，只要我能說出：『保證絕不再犯。至於目前，我原諒你。』」

——塞內卡

每天清晨為你的一天作預習，在晚上回顧你的進展。每一天結束時，帶著日誌坐下來，溫習：你做了些什麼？哪些你做得不錯？哪些做得不太好？你該如何改進？每天持續檢視自己，每天提出來作為個人回顧之用。就像馬可．奧理略面對他的《沉思錄》時所做的。他坐下來反思自己的一天，以獲得心靈的澄明，而且完全寫給自己，而非給眾人。然而我們得以在兩千年後拜讀……

塞內卡說，如果我們希望擁有豐盛的心靈，必須問自己一些問題來改進自己，例如：

• 你今天改正了什麼壞習慣？

- 你有什麼過錯是你自己極力反對的？
- 你在哪方面變得更好？

塞內卡把這種自我檢視比喻為每晚在自己的法庭為自己辯護。他審判自己的行為，並且努力確保自己不再犯相同的錯誤。善人樂於接受忠告，他說，而可憐人怨恨任何引導。

愛比克泰德建議在睡覺前問自己類似的問題，來檢視自己的行為。另外，他也問還有什麼責任需要承擔的，來確保第二天能去完成。每晚的自我分析能幫助你控制負面情緒，因為你下意識地知道自己到了晚上就會面臨審判，因此你會減少憤怒和其他的負面情緒反應。塞內卡說你甚至會因此睡得更好。

最重要的是，這種例行的自省將有助於你保持一整天的正念。**關注**——斯多葛派對正念的稱呼，是實踐斯多葛主義的先決條件。如果你想隨時表現出至高的自我，你就得覺察到自己的行動。否則你可能會恍神，落入無意識的反應。而你實質上等於放棄了作為一個哲學家，因為你不知道自己在做什麼。你根本**無心**。

這是為什麼例行的自省在斯多葛哲學中是如此重要——如果你不清楚自己哪裡出了錯，你要如何成為更好的人？如果你不清楚自己在世上想有什麼作為，你又如何成為最好的自己？

舉個例，某晚你反省自己白天在車陣中表現得像個蠢蛋。當時有個駕駛人超你的車，於是你對他一陣叫罵。下次當你遇上相同狀況，如果你夠專注用心，你會決定改進自己，表現出冷靜、耐性和包容。

非常簡單。只要每晚花五分鐘，有意識地回想當天發生的事件，回顧你的行為。你有什麼事做得不錯？什麼事做得不太好？有沒有什麼事讓你心煩？你是否有過憤怒、忌妒、恐懼的感覺？下次你可以如何改進？配合晨間修練，它便是絕佳的自我精進工具了：心理準備加上自我分析，將為你帶來持續不斷的學習和自我成長。此外，它還能讓你對自己的行動更加專注用心。

我個人會做好、更好、最好三個習題。我會問自己三個簡單的問題。

- **好**：今天我哪裡做得好？
- **更好**：我該如何改進？我如何做得更好？
- **最好**：如果要成為最佳版本的自我，我還需要做什麼？

注意：永遠要寬容、慈悲地對待自己。展現一點自我同情。你已經盡力了，你就只能做到這樣。就算你心裡不爽快，這也是正常的，畢竟每個人都會矛盾掙扎、經歷挫折。要謹記在心：永遠要慈悲對待自己。

★心法11
心中的學習榜樣：冥思斯多葛聖人

「『我們必須將情感放在某個善者身上，時時刻刻把他供在眼前，如此一來當我們生活時，就彷彿他在注視著我們，做任何事情時，就彷彿他看見了我們在做什麼。』這……是愛比克泰德的忠告，而隨著這忠告，他也給了我們一個守護者和精神導師——而且不是沒有道理的：如果有個目擊者隨時站在可能犯錯的人身邊，劣行便會大幅減少。」

——塞內卡

熱血的斯多葛奉行者是一群極具野心的人，想要時時刻刻展現至高的自我。有個方法是我們可以採行的，就是設想一個學習榜樣，根據它來評估我們自己。斯多葛奉行者會採用宙斯、蘇格拉底或理想聖人作為學習榜樣。他們會問：「換作聖人會怎麼做？」斯多葛聖人是斯多葛哲學中的一個假設性的理想典型。她是絕對地品德高尚、睿智而善良，一個完人。她的人格無比崇高、令人景仰，過著一種與自己、自然萬物和諧一致的幸福平順生活。

這個虛設的典範讓我們的行為有了方向感、整體性和一致性。既然我們想努力成為善者，我們可以拿自己和這個典範作比較，問：「換作聖人會怎麼做？」這麼做可以幫助我們在艱難情況下作出最好的決定。

這個簡單的問題十分有用，因為它會帶來刺激物和回應之間的停頓。它會把覺知帶入當下情境，而這正是邁向正面改變的第一步。問自己聖人會怎麼做可以爭取時間，防止我們漫不經心地作出反應。它能讓我們掌握自己行動的方向盤，選擇自己的最佳反應。

所以，借用塞內卡的話：「選擇一個無論生活方式或言語……都能贏得你認同的人。無論是作為守護者或模範，要經常提醒自己他的存在。依我看，找一個人來當作我們各項品格的評估基準的做法，的確是必要的。沒有尺規作為行為的標準，你將無法把歪曲的矯正過來。」

聽塞內卡的勸告，把一個學習榜樣放在心上，不必非聖人不可。你可以**選擇**你想學習的對象。可以是網球天王費德勒，可以是超級英雄蝙蝠俠，或者只是某個你仰慕的人，像是你的老媽或老爸。想像這個人時時刻刻注視著你和你的言行，這會為你的日常生活帶來更大的覺知，讓你更謹慎地選擇你的各種行動。

不妨透過當面請益或閱讀書籍、聽音頻或看電影去深入了解你的學習榜樣。只要記得準備好隨時把他拿出來作為你的楷模。你可以配戴能讓你想起他的首飾，把他的照片放在床頭桌上，或者在皮夾裡放一張他的引言便條。

向榜樣學習是培養美德的一種極有效的方式。你甚至可以變更這個心法，改為比較概括性地問，若是完美的母親／父親／員工會怎麼做？若是耶穌會怎麼做？若是佛陀會怎麼做？

此外，馬可還說：「用心觀察別人的最高準則，尤其是智者們，他們迴避什麼，他們追尋什麼。」

向智者看齊，牢記塞內卡的話：「沒有尺規作為行為的標準，你將無法把歪曲的矯正過來。」（而我們全都是歪曲不正的）。

★心法12 斯多葛警句：隨手可用的「利器」

「醫生隨身帶著解剖刀和其他工具，以備手術之用。你也該隨身帶著你的哲學。」

——馬可．奧理略

斯多葛派常將他們的主要信念總結為精簡的陳述。我們已在本書中看過其中一些：過美德生活／順應自然而活／有些事情是我們能力所及的，有些則否／優先的無關緊要事物。

他們就類似一些現代俗語，像是：衰事難免（shit happens）／謊言總是傳不遠（lies don't

travel far）／行動勝於雄辯（actions speak louder than words）。

那麼，為什麼斯多葛派要使用這類警句？他們知道我們的思維會浸染我們的品格。因為他們試圖表現出最好的自己，他們必須以相對的理性信念來對抗非理性的思維和判斷。他們觀察到許多非理性的思維在他們腦中迸出，希望能隨時準備好用比較正面、有益的思維來取代這些非理性的念頭。

這時他們的警句便派上用場了。為了隨時有正面信念可使用，他們必須將他們的許多基本理念作極度精簡、清晰的表述，完全是為了便於記憶，同時易於想起。這是他們的理念能夠適用於混亂、瞬息萬變的現實的唯一方法。

這些簡短陳述可作為日常生活中的提示和協助，在疑惑時指引行為。它們可以被視為用來擊退紛擾思維和判斷的心靈「武器」。馬可．奧理略用了一個獨特的比喻：「作為實行信念的典型人物應該是拳擊手而不是鬥劍者。鬥劍者必須把他使用的劍放下或拿起，然而拳擊手的雙手一直都在，他要做的只是把拳頭握緊。」

就像拳擊手隨時舉著拳頭，試著隨時準備好你的信念。

這和愛比克泰德的《手冊》（*Enchiridion*）相仿。這是集結《語錄》一書的最重要理念的一本小書。Enchiridion 照字面可譯為「隨手可用」，可以隨時取得，以幫助你應付各種生活挑戰。斯多葛派顯然十分熱中於把他們的信念付諸實行，這是為什麼他們試著把它們濃縮成簡單好記的語句，便於他們在急需時，在真實世界中拚搏可以派上用場。他們想追求進步，實際應用自己在講堂中學到的。

所以，如果你也想運用所學，不妨創造並且熟記類似的、隨時可用的語句，來提醒自己想如何在這世上自處，以及想成為什麼樣的人。問自己：我的核心價值是什麼？我主張什麼？要知道：你想出來的這些陳述，將成為你追求卓越與擋在前方的現實煉獄戰鬥的必要武器。最終，這些武器將會定生死——擁有幸福平順的人生，或者悲慘、不圓滿地過一生。

★心法13 扮演好分內的角色

「記住你是身在由作者決定的一齣戲當中的演員：演出可長可短。如果他要你演一個乞丐，你也得把它演得精彩出色，就像演一個瘸子、統治者或平民一樣。因為這是你的任務：把人家派給你的角色演好。挑選角色是別人的事。」

——愛比克泰德

我們每個人都有不同的角色要扮演：一個人，一個世界公民，人父或人母，兒子或女兒，兄弟或姊妹，丈夫或妻子，朋友或仇敵，教師或學徒，鄰居或陌生人，幼者或老者。有些角色是天生的，像是人類、女兒和姊妹；有些是取得的，例如妻子和教師。

這些角色因人而異。即使我們兩個同樣身為兒子，我父親可能對我很支持而且溫和，你父親卻老是潑你冷水，又凶悍。因此我們的角色是不同的。

我們的每個角色都負有特定義務。就像一齣戲裡的演員，就算不樂意，你還是得把分內的角色扮演好。你的演出要恰如其分。你被賦予了運用理性的能力，也可以自由選擇你的行動，因此你有能力把你的角色扮演好。這些角色往往互有關聯。如果妳是女兒，妳和妳雙親相關的角色就是做個好女兒，妳母親和妳相關的角色就是做個好母親，而她和妳父親相關的角色是做個好妻子。

愛比克泰德說，如果你完成你對其他人的義務，那麼你就是順應自然而活，而這正是通往幸福平順人生的康莊大道。

專注在關係中屬於你的這一方。也許妳是個好女兒，但妳的父親不是一個好父親，他沒有扮演好自己的角色。這跟妳毫不相干。妳被分派到女兒的角色，就必須把它扮演好，妳只能做好關係中屬於妳的部分，這就夠了。

就算妳父親沒有對妳盡到身為父親的義務，妳還是要盡到妳身為女兒的義務，最終這是他的損失，而不是妳的。他沒有順應自然而活，因而對自己造成損害。如果他傷害了妳，他多多少少得付出代價，或許一時看不出來，但他終將因為沒有履行自己的義務而失去某些東西。「沒有承受過損失的人不會變壞。」愛比克泰德說。

但如果妳試圖反過來傷害妳的父親，妳便沒有盡到身為女兒的義務，結果也將損及自己。妳失去了品格中溫柔、容忍而高貴的部分。

妳會察覺嗎？不會。品格的損傷不會伴隨著病痛或財物損失，妳不會發現妳失去了什麼——妳那溫柔、容忍而高貴的好品格。

這是典型的斯多葛觀點：盡力做到最好、專注在你能掌控的部分，以及最終做一個好人，來扮演好自己的角色。

「反思你所扮演的其他社會性角色，」愛比克泰德建議：「如果你是一名議員，想想一個議員應該做什麼；如果你是年輕人，想想年輕意謂著什麼；如果你是老人，想想年老的含意；如果你是一位父親，父職該有什麼承擔？一旦深入反思，我們便會想起每一個角色該如何去扮演。」

扮演好你的所有角色，縱使別人做不到。

★心法14
排除非必要的事物

「我們的所言所行大都不是必需的。倘若你能消除它，你將擁有更多時間和更多寧靜。時時刻刻問自己，『這是必要的嗎？』但我們也必須消除不必要的假定，並且消除隨之而來的不必要行動。」

——馬可．奧理略

有件事可以確定，就是人生無常，時間寶貴。然而許多人把時間花在無謂的瑣事上，漫無目的地到處閒晃，無意識地做些不花腦筋的事——上Netflix狂追影集，和同事閒聊瞎扯，追蹤川普的最新八卦。我們對自己的生命沙漏一點點流下的沙粒渾然不覺，我們毫無目標地任意作出抉擇，直到我們慨歎光陰不再。

我們不能讓這種事發生。相反地，讓我們不要再有無謂的行動。「即使是最微小的事，也要朝著目標去完成它。」馬可．奧理略說。作為熱心的斯多葛奉行者，我們必須明智地選擇自己的行動，將時間的沙粒花在重要的事情上，不再為瑣碎的事浪費生命。

讓我們將非必要的事物從我們的生命中徹底驅逐出去。反之，讓我們專注在必要的事情上。這種排除不相干的事物、專心於重要事情上的能力太強大了。你可以親自試試，如果你穿越紛雜的叢林，把心思集中在偉大的源泉上，還能多完成多少事情。

「倘若你渴求寧靜，少做一些……只做必要的。」這能帶來雙重滿足感，馬可．奧理略說：「做得更少，做得更好。」問自己：「什麼是我生命中最重要的事？」

一旦知道這些事情是什麼，你就得把它們擺在第一位，然後排除沒有列在清單上的，這能讓你擁有更多餘裕和寧靜。和所有人一樣，你的一天有二十四小時，你可以選擇如何運用這些時間。

斯多葛聖人在必要的事情中找到澄澈明淨，而且一直專注在上面。她充分意識到，時間的沙粒分分秒秒都在流失，再也無法挽回。

★心法15 忘掉名利

「汲汲於身後功名的人忘了，那些記得他們的人不久也會死，接著輪到在那之後的人們，直到關於他們的記憶有如燭火，從一個傳到下一個，忽明忽暗，終至熄滅。」

——馬可．奧理略

如果能對名聲和社會地位無動於衷，我們會快活得多。

畢竟，那不是我們能掌控的。

其他人如何看我們？由不得我們。我們不可將外在成功和真正有價值的東西——容忍、自信、自制、寬恕、毅力、勇氣和理性給混淆了。

透過追求社會地位，我們給了別人支配我們的權力。我們必須想方設法來讓別人欣賞我們，我們也得避免去做別人不喜歡的事。為了追求名聲，我們讓自己受制於他人。

不如讓我們專注在自己掌控得了的，我們的自發性行為上，盡我們所能做到最好才是最重要的。要時時刻刻展現至高的自我，我們不應當為了做正確的事而尋求別人的感謝或認可，做正確的事本身就是獎賞。

「當你做了件好事，別人也因此受益，為什麼要像傻子一樣錦上添花？」馬可．奧理略問。與其讓我們自己的幸福繫於別人的想法，我們應該讓它繫於我們自己的行動，那是我們唯一能掌控的。

要緊的是你的品格和行為。如此一來你會做正確的事，而不是取悅別人的事。這往往是極為不同的兩件事。從盡其在我得到滿足，忘掉追逐名聲和掌聲，專注在你的美德行為：憑著理性、勇氣、正義和自律行事。

名聲可能是隨著行善而來的紅利，可是別為了得到名聲而行善，那是不確定、短暫而浮面的。就如馬可說的：「想想很久以前活過的那些人，將在你之後活著的那些人，以及目前活在異地的那些人。有多少人連你的名字都沒聽過；有多少人不久就會把它忘了；有多少人今天讚美你，明天或許將鄙視你。被人記得是毫無價值的，就像名聲，就像所有一切。」

當你注意到它們時，事情已在改變，接著它們就被遺忘了。

讓我們不去在乎別人怎麼看我們；讓我們無視於別人的認可，就如我們無視於他們的不認可。讓我們專注於我們能力所及的我們的善意行為，做正確的事本身就是一種獎賞，讓我們從中獲得滿足。

★心法16 像個極簡主義者：簡單過生活

「去欲求那麼多，而你能擁有的卻那麼少，豈不是瘋狂而且最荒唐的愚行？」

——塞內卡

衣服有什麼用處？穆索尼烏斯．魯弗斯建議我們要為了保護身體，而不是為了得到別人的讚賞而穿衣。追求必要的，而非奢華，對我們的住屋和家飾也是如此。它們應該是實用的，只要能保暖、禦寒和為我們擋風避雨也就夠了。

塞內卡也說，房屋是用泥炭或進口大理石搭建的並無差別：「你必須了解的是，茅草屋頂和黃金屋頂同樣能造就一個好人。」

斯多葛派喜歡簡單的生活型態，合乎我們需求的生活型態。而且我們必須謹記在心，物質事物是無關緊要的，重要的是我們如何處置它們。首先，我們不該執著於可以被拿走的東西，就如馬可提醒我們的：「得手時不誇耀，放手時不眷戀。」

我們不應當囤積物品，大部分物品都是無用而多餘的。我們把一些東西看成是免費的，因為它們很便宜，或者是人家送的。但它們的花費可大了。塞內卡指出，所有積聚行為都有它的隱藏性費用。

更多不一定更好；免費未必真的免費。

而且一旦我們體驗過奢華，便會渴望更多。獲得物質不會讓我們快樂，我們只會越要越多，來壓制自己的渴求。然而，如同愛比克泰德指出的：「自由無法透過滿足慾望而達成，而是透過消除它。」

真正的財富在於寡求。「沒人有能力擁有自己想要的一切，」塞內卡說：「但是人有能力不去求取自己沒有的，並且歡喜地妥善利用自己所擁有的。」我們的目標應該是去「追求來自我們自身，而非來自命運之神的財富。」

讓我們謹記，靠著相互尊重、誠信和自制等道德價值生活，比起依靠財富或世俗功名而活更加可貴。我們絕不可為了得到財富而犧牲自己的品格，做一個好人是至高無上的善，它也是擁有幸福平順人生的唯一條件。

但如果你是富人呢？就像塞內卡和馬可．奧理略？首先，財富必須來得正當，花得正當，塞內卡說，並且補充：「智者不會認為自己不配得到命運之神賜予的任何禮物：他不愛財富，但他寧可擁有它們。他不准許它進入他的心，而是進入他的家。只要是他的財富，他不會拒絕，而加以保留，期待它為他提供更多機會去實踐他的美德。」

財富往往是我們行為良好、表現至高自我時隨之而來的紅利。倘若我們真的得到了，應當不自滿地接受，但也不能執著。能得到是好事，你也可以享受它，但你必須隨時準備好放手。有也罷，沒有也罷，不該有任何差別。塞內卡進一步說：「財富對於智者的影響……猶如一陣將水手在他的航線上往前推進的順風。」

重點是要能夠享受某樣東西，同時又能不為所動。因此，當你得到時，就享受這順風，但如果沒得到，要保持淡然，甚至要開心。最終，現實是美好的，順風也罷，暴風雨也罷。「斯多葛哲學提倡的是簡樸生活，不是苦行。」正如作家威廉．厄文所說。它並不要求人捨棄財富，然而它確實要求人要審慎地運用它，同時記住它只是從命運之神那兒借來的，隨時都可能被拿走。

（附註：關於本議題，斯多葛哲學家們的意見不盡相同。穆索尼烏斯．魯弗斯和愛比克泰德認為人必須徹底革除奢華生活，因為它讓人墮落，然而塞內卡和馬可．奧理略認為人住在宮殿中而不致墮落是可能的。）

★心法17
找回你的時間：戒掉看新聞等無謂的事

「千萬要記住，你分給每個行動的時間應當和它的價值成比例，如此一來你才不會過於疲累而放棄，因為你不會忙著處理一些次要的事，忽略了真正重要的。」

——馬可．奧理略

時間一去不回，生命沙漏中的沙粒一旦流下，就永遠消失了。

儘管寶貴，人卻常把自己的時間隨意交給過客，交給各式各樣的螢幕，和其他不重要的活動。「我們對財產和金錢百般吝惜，」塞內卡說：「卻很少去想浪費時間這件事，而這才是所有人都該錙銖必較的事。」

讓我們不要把時間花在不重要的事情上。因為，我們為一件事情付出的時間越多，我們賦予它的重要性也就越大。與此同時，那些真正重要的事——親人、朋友、承擔、表現至高自我，就變得次要，因為我們在上頭花的時間少了。

藉由為某件事付出時間，你賦予了它重要性。

我們必須弄清楚我們的時間去了哪裡。最簡單的方法是：評估你的時間！

我們必須訂出事情的優先順序，然後把最多時間花在重要的事情上，我們必須對那些非必要的事情說不。我們必須捨棄那些我們長久以來一直在做，卻沒意識到它們其實沒那麼重要的事。只因為我們花了大半輩子做某件事，並不表示我們真的需要它。聽聽塞內卡這席話：「除非我們真正拋開一些事物過活，我們無法了解它們有多麼無用。我們一直在使用它們，不是因為我們需要它們，而是因為我們擁有它們……我們煩惱纏身的原因之一就是，我們的人生總是被別人的例子牽引著，不是被理性導入正途，而是因循慣例。」

依照理性而不是慣例去選擇你的時間要用在哪裡。第一件要戒除的東西是新聞。「快樂之道無他，」愛比克泰德說：「就是不要為自己意志力所不及的事情操心。」而新聞這東西只會讓人為自己掌控不了的事物擔憂。如果你想做一個更好的人，戒除新聞是絕佳的起步。我們擁有的時間和精力有限，而看新聞絕不是一個積極的斯多葛奉行者會去做的事。

「倘若你想追求精進，要甘願在一些無謂的事情上露出茫然無知的樣子，別期待自己無所不知。」愛比克泰德提醒我們，在不重要的事情上——像是川普的最新消息或超級杯冠軍是哪一隊，顯得茫然無知是沒關係的。

要知道，媒體把每件事都當天大的事那樣傳播。可是今天的醜聞到了明天就沒人報導了……。我們要認知到並非每個新聞標題都重要，我們不會遺漏什麼。反之，我們會因此失去時間，就像塞內卡說的：「問題不在我們的生命太短暫，而在我們浪費太多時間。生命夠長了，而且我們已經獲得一筆足夠用來達成最高成就的極度充裕數目，如果投資得當的話。」

但如果它被任意揮霍，花在無益的活動上，到頭來死亡的最終拘禁將迫使我們了解到，就在我們渾然不覺時生命已消逝無蹤。」

別讓這種事發生，積極選擇你想把自己的時間和精力花在哪裡。偷走你時間的不單只有新聞，一些浪費時間的活動也很危險。

最常見的是電玩遊戲、電視影集、趣味凸槌影片和其他膚淺的活動。我們都有嫌疑，斯多葛派並不要求我們一下子全部戒除，只要意識到時間正在流失，而且謹慎地運用它就行了。

千萬別讓自己變成一個除了徒增歲數和白髮之外別無是處的老人。找回你的時間，像母親捍衛她的孩子那樣呵護它。把心思用在重要的事情上，別再在無謂的小事上浪費時間。

對此塞內卡下了定論：「縱使你前方還有大段人生等著你，你也得無比節約地去運用它，以便有足夠時間去完成一切重要的事。依此看來，當時間如此緊迫，卻去學些無關緊要的東西，豈不愚蠢至極！」

★心法18 贏在要緊的事

「你在一個很難避免敵意的工作中贏得喜愛。可是相信我，與其看穀物交易的資產負債表，還不如多了解自己人生的損益狀況。」

——塞內卡

塞內卡在他的岳父丟掉羅馬產糧區主管的職務之後寄給他這封信，提醒他事情沒那麼糟。那有什麼？塞內卡說，現在他可以把時間花在真正重要的事情上了。「對美德的愛和實踐，對激情的遺忘，生與死的知識，和清幽寧靜的人生。」

比起穀物市場、股市或者目前公司的財報，更重要的是去了解自己人生的資產負債表。可是我們做了什麼？我們把工作時間投注在有利於目前（未來）工作的主題上，把休閒時間花在無聊空洞的活動上來痲木自己。

我們變成奇幻影集、電玩、運動賽事、名人、新聞和輕鬆賺錢法的專家，沒有意識到這些東西完全沒有教我們如何聆聽朋友的心聲、如何學習自律以及如何面對自己的憤怒或悲傷。我們把學東西以及學習如何生活、做人這兩件事給混淆了。

「當你在這星球上的日子走到盡頭，」萊恩．霍利得問你：「哪一種專長比較有價值？是你對生死之事的理解，還是你對芝加哥熊隊一九八七年戰績的知識？何者會對你的孩子較有幫助？是你對幸福和人生意義的領悟，還是你天天追蹤最新政治新聞長達三十年？」

哇，還用說嗎？何者較有價值，答案太清楚了。因此，讓我們確實發揮這份理解，訂出正確的優先順序，確保自己投資在真正重要的事情上。

沒有比生活更艱難的學習課題！塞內卡說。現在就開始吧！忘掉考試滿分、在職場上步步高升、學習和加密貨幣有關的一切，贏了這一切，卻輸掉做一個好母親、好姊妹和好朋友這一局，又有什麼意義？

要做這些事肯定可以找到時間和空間，但是不能妨礙到我們的自我提升。這是我們剛認定為比較重要的東西。

別羨慕那些在辦公室裡表現搶眼的同事，因為他們的成功是以人生作為代價。一個每週工作八十個小時的父親或許是職場上的英雄，但他很可能忽略了他的妻兒和健康。

成功的定義非常廣泛。這位父親也許是最近三個月的模範員工，但是在這段期間他不曾好好聽他妻子說話，不曾去觀賞兒子的足球賽，而且因為睡眠不足而脾氣暴躁。

還是那句話，贏了事業卻輸掉為人夫、為人父的本分，又有什麼意義？

讓我們在重要的事情上追求精進。讓我們學習如何處理抑鬱的情緒，如何聆聽別人說話，如何在逆境中保持平靜，如何做一個好的配偶、父母和朋友。

這是我們的內在轉化，沒人會察覺，而這比浮面的外在轉化重要得多。你內在的那個真正的你，比別人眼中的那個你重要太多。

你最珍貴的資產是你的品格。

它將幫助你在重要的事情上贏得勝利。

★心法19

做個終生學習者

「沒有學習的閒暇等於死亡——活人的墳墓。」

——塞內卡

身為積極上進的斯多葛奉行者，你實質上是智慧的熱愛者。你喜歡學習如何生活，不斷探求智慧。

要記住，斯多葛派把自己看成真正的**心智戰士**，學習如何生活，最重要的是，去付諸實踐。愛比克泰德教他的學生要像置身在慶典——生命的慶典，那樣地思考自己的人生。

這比喻傳達了一種對生命的感恩，因為它提醒我們生命不久就會結束。此外，把生命看成一場慶典，能幫助我們用一種更為抽離的態度看待人生的紛紛擾擾，恰如一場熱鬧又混亂的慶典。

好啦，身為哲學達人，我們應當在離開慶典之前，好好把它研究一下，盡可能吸收知識。我們有義務在慶典進行的當中讓自己進步，一天都不可懈怠。就如塞內卡說的，「沒有學習的閒暇等於死亡。」

「務必像詩人那樣享受你的休憩時刻，不是無所事事，而要積極地、鉅細靡遺地觀察周

遭的一切，深入了解自己在宇宙中的位置。」如同萊恩．霍利得所說：「在工作上偶爾放自己一天假，但學習不能有假期。」

我們不該只把零星時間用來學習，而要積極地空出時間來學習。這是我們來到世上的目的。探索智慧來讓自己更精進，變得更好，學習如何做一個好的父母、配偶和朋友。

「教育（知識）的價值有如黃金，無論在哪裡都被珍視。」愛比克泰德說。你沒有藉口。在今天，學習新知可說前所未有地容易。網路世界充滿各種智慧，書籍價格低廉而且送到你書桌前。我們可以向無數曾經活過的聰明人學習——只需花幾塊錢。

作為一個求知若渴的學習者，要記住兩件事：

1要謙遜：如同愛比克泰德教我們的：「去學習一個人自認已經知道的事是不可能的。」而馬可補充：「如果有人可以證明並且向我指出我的想法和行為是錯誤的，我將樂於改正，因為我尋求真相。」

2要去實踐：不要只滿足於學習，愛比克泰德警告我們：「因為時間一久，我們將會遺忘，而最終將反其道而行。」身為心智戰士，我們必須走出去，在生活中實踐我們所學到的。

★心法20
你想活出什麼樣的人生？

「沒人能估算出時間的價值：人總是當它不值錢似地揮霍無度。可是當這些人死到臨頭，你會看見他們向醫生苦苦哀求……你會看見他們甘願散盡家財，只求能活下去……對於那不知何時會嘎然終止的東西，我們得要更用心地呵護才是。」

——塞內卡

我們常忘了自己是凡人之軀。

我們當自己會永生不死那樣地活著，直到我們驚覺並非如此。這時我們會後悔沒早點認真地生活。

人們情願付出一切，只求能活下去。但是當他們活著時，他們只會虛擲光陰，沒意識到它隨時都會終止。

「你像是認定了自己會永遠活著那樣地過日子，想都沒想過自己有多脆弱。你沒留意多少時間已經流失，卻像擁有源源不絕的供給那樣地大肆揮霍。然而你獻給某人或某件事的那一天，或許就是你的末日。在所有你畏懼的事情上，你表現得像凡人；在所有你欲求的事情上，你卻表現得像個不死之人。」

上面這句話——我們在所畏懼的一切事情上表現得像凡人，在所欲求的一切事情上表現得像不死之人，對我來說十分真實。我在別人眼中是個性喜冒險的人。自己創業，辭掉一份安穩的工作，賣掉所有家當，搬到國外，嘗試寫書。

而我仍然覺得恐懼常讓我裹足不前，我仍然覺得我有的是時間可以去做我真正想做的事，我想這也是人情之常。

但如果我們意識到了這點，如果我們了解到我們有這種自信會永遠活下去的傾向，我們就可以提醒自己生命有限。我們可以逆向操作，甚至去做自己害怕的事，確保我們能有意義地用各種精彩經歷來充實自己的歲月。

這不是要你不玩電玩，不看電視，不做全職工作，而是要帶著覺知和目的性去做這些事。我們還是可以選擇去做任何我們認為值得花時間在上面的事。

不過，讓我們自問：我們是否把時間用在我們認為正確的事情上？還是我們將成為那個向醫生懇求，甘願放棄一切，只求能多活幾個月的人？

我們會不會成為那個時間到了，卻沒準備好要走的人？掛念著我們還有好多想要在有生之年去做的事？對自己失去的充滿懊悔？

回顧自己的一生，你是否已充實地活過？你這輩子有什麼足以示人的？還有什麼是你想要去體驗的？你想在這世上成為什麼樣的人？

我要確保到時候我能回想然後說：「是的，我已經盡情地活過，我活得很好。我細細品嘗了每一滴生命的滋味。」這無關乎戰利品或身分地位，而是關於做一個不斷精進的個人，發展為一個成熟的人，在我的許多深刻價值——冷靜、耐心、正義、仁慈、毅力、幽默、勇氣和自律上茁壯成長。

這是我想像中的最佳自我，我要為了實踐這個理想典型而活，努力讓自己變得更好，盡可能接近這個目標。我要充分利用我清醒的時間，隨時意識到生命很可能瞬間被奪走。

斯多葛派說，重點不在你活了多少年，而在這段時間內你如何活著。正如小加圖的精闢結語：「健康的價值取決於壽命的長短，德行的價值取決於它的圓熟程度。」

「很可能，」塞內卡說：「一個人享有很長的壽命，卻活得極其貧乏。」

千萬要睿智地運用我們的時間，以便將來回想時是帶著滿足的微笑，而非懊悔的嘆息。

★心法21
去做該做的事

「在賴床起不來的清晨，告訴自己——我正醒來，準備去盡我身為人的職責。

那麼，為何我會如此懊惱我即將去盡自己的本分，也就是我被安排來到這世

> 上的目的？或者我生來就為了這個，窩在暖呼呼的被子裡？好舒服啊。難道你生來是為了享樂？簡言之，是為了驕縱，還是為了努力拚搏？」
>
> ——馬可．奧理略

即使是馬可，我們的良師，也常有早上賴床的情況。即使是他也會拖拖拉拉，即使是他也並非天天都神清氣爽。

可是他努力解決，他督促自己去做該做的事。

我們生來不是為了享樂，他說。瞧瞧那些植物、鳥兒、蟲蟻、蜘蛛和蜜蜂，牠們全都努力盡著自己的本分。你可曾聽見牠們發牢騷、抱怨？沒有，牠們盡全力做好自己該做的，日復一日，從不間斷。

然而我們人類卻不願盡自己的職責？我們會懶散、提不起勁、怠惰。人當然得睡覺休息，但總有個限度。「你休息過頭了。」馬可提醒自己。他還沒做完他的所有工作，他還沒達到他的工作配額。

我們也一樣，該起床去做我們該做的了。我們不會永遠活著，如同塞內卡提醒我們的：「當生命到了盡頭，才開始認真去生活，遲矣！忘了自己是凡人，將一些可行計畫拖延到五、六十歲的年紀，指望從一個罕有人至的起點開啟人生，蠢矣！」

「蹉跎延宕是最大的生命浪費，」塞內卡說：「它奪走來到我們跟前的每一天，許諾未來，但否決了現在。生活的最大障礙就是期盼，它牽繫著明天，失去了今天。你安排著歸命運之神掌管的事，捨棄了歸你自己掌控的……未來充滿不可知：即刻開始生活吧！」

就讓我們即刻開始生活，別再拖延了。

「這種愁雲慘霧、唉聲嘆氣的生活該停止了，別再鬼混！」馬可告訴我們該如何為自己的人生擔起責任。他要重回掌握方向盤的位子，身為一國之君，他必須完成大業。

我們也是君王，自己人生的君王！我們天生知道該怎麼做，我們只是不想去做。我們內心有什麼讓我們退縮不前。然而我們必須記住，那些不管自己想不想做，仍然把該做的事完成的人，往往是我們當中的成功者。

他們了解他們必須為自己的繁榮興旺負責，因而寧可每天吃點苦，而不是等到哪天發現自己毫無進展的時候大吃苦頭。

這是自律！這是有效地面對讓我們退縮不前的負面情緒。

認知到內在的抗拒，然後毅然去做。你夠強健，即使疲累都可以在清晨起床；你夠自律，就算受到引誘都抗拒得了那塊餅乾；你夠勇敢，即使害怕也要出手幫助那位陌生人。

現在就努力成為你心中想成為的那個人。今天，別等到明天。

到頭來，我們會得到自己應得的。

別鬼混了，即刻開始生活吧！

第七章

情境心法：遇上挑戰時該如何自處？

人生平順時，遵循斯多葛理念生活非常容易。然而在人生對你拳打腳踢的時候，情況就艱難多了。

拳王麥可．泰森（Mike Tyson）說：「每個人都有一套計畫，直到臉上挨了一拳。」作為有進取心的斯多葛奉行者，正是在這樣的時刻，我們必須格外冷靜，忍住衝動，有意識地選擇最聰明的回應方式。

重要的不是我們身上發生什麼事，而是我們對它的反應。困擾我們的不是事件本身，而是我們對事件的解釋。

人生不會無風無浪，它本來就充滿挑戰，不時丟給你一些棘手問題：

- 你將失去所愛

・你將會生病
・你將面臨重大的人生抉擇
・你最愛的馬克杯會摔破
・你會沒來由地覺得抑鬱沮喪
・你會感覺彷彿所有人都與你為敵

人生很艱難。接下來的心法和策略將會幫助你有效地面對困境。

★心法22 你的評斷對你有害

「當你為某個外在事件痛苦難過，讓你煩惱的不是這件事，而是你自己對它的判斷。」

——馬可．奧理略

困擾你的不是事件本身，而是你對它的看法。這是典型的斯多葛理念。你的煩惱來自你把一樁外在事件判斷為不可取或者不好，而這往往以發牢騷、哀嘆、抱怨連連的形式表現出來。

要記住：煩惱的唯一理由是你的見解。

傷害並非來自發生的事——討厭的人或棘手的狀況，而來自你對它的反應。你的損害來自你對事件的看法。因此當有人觸怒了你，讓你痛心的不是那個人，而是你的理解。是你的看法助長了負面情緒。

你的反應決定了你是否會受到傷害。馬可・奧理略說一定是這樣的，否則別人就掌握了控制你的權力了。而這並不是宇宙的安排。只有你能進入自己的腦袋，只有你能毀掉自己的人生。

擔起責任吧！否則我真的要說，你真是個笨蛋，而且無論如何都會受傷的。但是我沒有權力影響你。如果你被我的話刺傷，那麼傷害你的是你的理解，而不是我的話。

仔細想想還真妙，對一句話的解釋竟然可以有這般巨大的力量。差別之大，可以讓一個人開懷大笑，或淚流滿面。基本上你有能力從謾罵中得到能量，只要你把這些話往正面去解釋，就可以從中汲取力量。

你的判斷可以刺傷你，你的判斷也可以給你力量。記得某個足球明星說過類似這樣的話：「每次我搶到球，對方的球迷便發出噓聲、喝倒采，讓我鬥志激昂。」換作其他球員，或許會難過，亂了方寸。這位卻從中得到鼓舞。

所以，下次當你為某件事情煩惱，記住讓你痛苦的是你對自身處境的判斷。試著把你的判斷除掉，你的痛苦將會跟著消失，不要去評斷事情是好是壞，只要順其自然，你就不會受到傷害。

你的反應可以顯示出你有沒有受傷。如馬可．奧理略所說：「下決心不受傷，你就不會有受傷的感覺；不要有受傷的感覺，你也就沒有受傷害。」

顯然不容易做到，但能了解總是好的。

試著去做：不要發牢騷、唉聲嘆氣或抱怨。

★心法23 如何面對哀傷

「與其隱瞞傷痛，不如去征服它。」

——塞內卡

我的一位朋友在幾年前自戕了，到現在我都還難以理解，但我已經克服了伴隨我很長一段時間的悲傷。也許你知道這種感覺。

斯多葛派給人一種壓抑情感的刻版印象，但這是誤解。他們的哲學旨在立刻處理負面情緒，而不是逃避。

反正逃離是不可能的，因為當我們聽聞某個親愛的人的死訊，覺得傷心難過是必然的。這像是一種情感反射。「天性要求我們表現些許哀傷，」塞內卡說，接著補充：「但更多是虛榮心的結果。」

些許哀傷是需要的。適度的悲傷，根據塞內卡的說法，是當我們的理智「試圖維持一種既不偏向冷漠也不偏向狂熱，同時又能讓我們維持在一種深情而非不平衡的精神狀態的手段。」我們應當讓淚水流下，但也該讓它止住。我們可以深深嘆息，只要我們懂得在某個時候停止。馬可．奧理略說因為有時候，哀傷的後果比起最初引起哀傷的事危害更大。

就像人家說的，如果你發現自己掉進洞裡，就別再挖了。面對你的情緒，爬出洞口，因為負面情緒遲早會越滾越大，類似惡性循環。你很難過自己走不出悲傷，而這使得你更加難受，就這樣沒完沒了。你會越挖越深，永遠爬不出洞口。

有一件事是我們可以做的，就是想一想，假如我們從來不曾和過世的這個人共處，不知會有多麼可惜。與其哀悼她的生命終結，不如對我們共同擁有過的時光心懷感激，這或許會讓我們感傷，但也會充滿感恩。

對塞內卡而言，對抗哀傷的最佳武器是理性，因為「除非理性來終結我們的淚水，光靠運氣是辦不到的。」

舉個例，你哀悼的那個人，她會不會希望你每天以淚洗面？如果會，那麼她不配你為她流淚，你應該停止哭泣。如果不會，而且你很敬愛她，那麼你也該停止哭泣。

同時要記住，事情的發生不是衝著你而來。所以，去掉受害的感覺。你沒有受害，宇宙沒有要對你不利。

這在面臨大悲痛時格外艱難，可是哀悼時間過久實在不太合理。日子還要過下去。此外，身為真正的斯多葛學員，我們進行負面想像（心法7）以及提醒自己世事無常（心法4）時，已經準備好面對這種狀況了。

如何面對別人的哀悼？

愛比克泰德說，我們應該提防著不要「接收」別人的悲傷。我們應當對這個人表達同情，合適的話甚至可以陪她一起哀號痛哭。這麼做時，小心不要往心裡去。

「我們應該表現出哀傷，但不讓自己經歷哀傷。」如同威廉・厄文所說。他又說：「如果我們的朋友正在哀悼，我們的目標應該是幫她克服她的傷痛。如果這麼做的同時能伴隨著偽裝的號哭，那就做吧。畢竟，我們『接收』她的悲傷不只對她沒有好處，而且對我們有害。」

如果你了解那感覺，而且能同情她的感覺，那就不盡然是「偽裝的號哭」了。你只是想在不危害自己的情況下伸出援手，這沒有什麼不對，而且我的意思是，你不需要哭得死去活來，只要陪著她，讓她知道你懂得她的感覺，悲傷是正常的。

就像你每次登機時聽到的廣播：「請先幫自己戴上氧氣罩。」因為萬一你沒命，你也幫不了任何人。而如果你和別人一樣悲傷難過，你也幫不了他們。

★心法24
以冷靜勇敢取代憤怒

「當你感覺一把無名火燒上來時，提醒自己，發怒不算是男子氣概。溫柔和禮貌反而更有人味，因此也更像男子漢。一個真男人不會輕易向憤怒和不滿讓步，而這樣的人擁有力量、勇氣和耐性，不像那些愛發怒、抱怨的人。一個人的頭腦有多冷靜，他的力量就有多強大。」

——馬可．奧理略

憤怒是一種**激情**，一種斯多葛派極力想消除的負面情緒。塞內卡的隨筆《論憤怒》（*On Anger*）是討論關於憤怒的斯多葛觀點的最佳依據。

憤怒，一種回報痛苦的慾望，是短暫的瘋狂，塞內卡說。因為一個憤怒的人欠缺自制力，忽略人類親情，不聽道理和規勸，容易被枝微末節激怒，分不清真假。「像極了一顆滾落的岩石，裂成碎片落在不幸被它砸中的東西上。」

發怒，傷害最大的是自己，它的破壞力太巨大了。「任何天災都不及它對人類造成的損害。」因此，上策是在怒火剛露出苗頭時馬上把它斥退，不讓它發作。因為我們一旦被憤怒控制，理性便蕩然無存，憤怒將可以為所欲為，而且很難把它熄滅。

縱使我們控制不了最初的反應，只要我們夠覺察，我們可以決定要不要栽進去。這時，憤怒變成一種判斷的形式。我們理解當下的情境，認定發怒是沒關係的。

可是「既然理性可以得到同樣的結果，」塞內卡問：「憤怒又有什麼用？」

憤怒讓人很容易莽撞行事，理性比較可靠，因為它是經過深思熟慮的。「理性希望提供一個公正的決定，憤怒則希望它的決定能被公正地考慮。」

「正義之劍被錯置在一個怒漢手中。」

憤怒毫無用處。「沒有人能藉由憤怒而變得更勇敢，除非不發怒的人絕無可能是勇者。因此，憤怒無助於勇氣，還會取而代之。」我們可以找到不帶有憤怒的行為誘因，像帶有愛、同情、正義和勇氣等正確價值。

我們不是被危險、難以捉摸的憤怒控制，而是受到許多根本價值的激勵，審慎地選擇去做正確的事。

「當一個人迷了路，在我們的田野徘徊，最好是送他踏上正途，而非把他遣走。」塞內卡作了精彩的比喻。他說我們不該追打那些誤入歧途、犯了過錯的人，而要指給他們正確的道路。與其以憤怒回應憤怒，我們不如選擇一種較為理智且悲憫的態度，試著幫助他們。

不再衝動地發怒，而是深吸一口氣，然後不慌不忙地保持鎮定。這份平靜從容不只能讓不幸失去它的力道，也能讓你得以用一種公正、勇敢的方式行動。如同馬可說的：「一個人的頭腦有多冷靜，他的力量就有多強大。」

一般而言，我們不該賦予環境激怒我們的權力。環境根本不在乎，這就像跟一個比我們巨大得多的東西生氣，這就像跟某個不在乎我們的東西計較。事情會發生不是衝著我們，它們就是會發生。

對自己的處境生氣不會對處境本身造成衝擊，改變不了它，也無法讓它改進。讓我們生氣的東西往往不會真的傷害我們，而我們的怒氣卻比我們所受的損害還要長久。

讓自己的心靈寧靜被瑣事打亂是很愚蠢的。這是為什麼馬可建議我們思考周遭事物的變化無常，今天惹怒我們的，明天即將被遺忘。

當我們發怒時，塞內卡說，用幾個步驟把憤怒的跡象逆轉過來：強迫自己放鬆臉部，深吸一口氣，聲音放柔，走路速度放慢，不久你的內在狀態將會仿似你外在的放鬆狀態。

此外，你也可以試著描述當下的情境，盡可能讓你的憤怒變得冷靜客觀，愛比克泰德解釋說。這能給你一點餘裕，讓你從更廣的角度去看整個情況。

他還說，我們應該牢記，傷害我們的不是我們的處境，而是我們對它的理解。「因此當有人激起你的怒火，要知道其實是你的想法助燃了它。」

所以說，與其動輒發怒，折磨周遭的人，何不「讓自己成為一個生時讓人喜愛，走後讓人懷念的人？」塞內卡問。

★心法25 用預習和理性戰勝恐懼

「我們所受的驚恐往往多過傷痛，我們的苦難來自想像力更甚於來自現實。」

——塞內卡

我們害怕的往往不會成真，然而我們所想像的恐懼卻會有真實的後果。我們被自己的恐懼阻擋不前，被並非真實的東西弄得動彈不得。

斯多葛派很清楚恐懼的危險。比起我們盲目地想要避開我們所害怕的東西而給自己帶來的損害，我們所害怕的東西所造成的實際損害根本是小兒科。

恐懼的主要原因，塞內卡說，是「我們沒有讓自己順應當下的處境，卻讓思緒一下子飛得老遠。」引起過多憂慮的，是對於我們無法掌控的某個事件未來可能會如何如何的預測。

我們想得到某樣我們掌控不了的東西，如同愛比克泰德的絕妙解說：「當我看見一個人處在焦慮之中，我說，『這人想要什麼呢？』如果他不是想要某樣他能力所不及的東西，他怎會如此焦慮？這正是為什麼一個彈著七弦琴唱歌的人不會焦慮，因為他是在自娛。可是當他進入劇院，情況就不同了，就算他有一副好嗓子，彈得一手好琴：因為他不只想要好好表演，也想贏得美名，而這不是他掌控得了的。」

我們害怕，是因為我們想得到自己能力所不及的東西，或者我們對某樣我們沒有能力擁有的東西太過執著。我們執著於自己所愛的人害怕失去他們，我們執著於一份固定薪水帶來的安全感，我們欲求著自己沒有能力去領受的東西。

我們不能再執著於外在事物，欲求那些我們能力所不及的東西。因為欠缺掌控權會帶來恐懼。

一個對自己掌控外的任何事物一無所求的人不會心生焦慮。

「一個能預期困難到來的人，當困難一到來便化解了它的力道。」塞內卡說。這是為什麼準備好應付困境的發生是如此重要。

預期災難的到來不會毀掉現在，而會讓它更美好。我們對那些或許永遠都不會發生的事將會少一些擔憂。斯多葛派認為，通往自由的最佳途徑是，想像我們害怕的事就要發生，在腦中加以檢視，直到我們能超脫地看待它。

對付恐懼的常見方式是避開它，然後試著想別的事。然而這或許是最糟的方法，因為迴避只會助長恐懼。

要處理我們害怕的事，最適當的方式是理性、冷靜地，而且經常地思考它，直到它變得熟悉。你會覺得自己曾經害怕的東西很無聊，而你的擔憂將會消失。藉由勇敢面對你的恐懼，無論是在想像或現實中，你將減輕恐懼帶給你的壓力。

馬可還有一個對付恐懼的方法。「清理一下腦袋，冷靜下來，然後，就像從睡夢中醒來，了解到自己只是做了一場惱人的惡夢那樣地清醒過來，發現那一切就和夢境沒兩樣。」你害怕的往往是自己想像力的產物，不是現實。你害怕某樣東西，不是因為它實際上很糟，而是因為你以為現實狀況會很糟。大部分害怕蜘蛛的人根本沒被牠碰過。他們在怕什麼？

我們在想像中恐懼，就像一場夢。我們不能再沒頭沒腦地栽進去，而是要靜下來，理性地問：「這樣合理嗎？」

我們常給自己製造惡夢。因此我們必須醒過來，停止這種瘋狂行徑。我們為夢境心煩。引起恐懼的並非真實的東西，但是它造成的後果卻是再真實不過，而且成為我們的障礙。讓我們退縮不前的正是我們自己。

要知道，你不可能一下子克服所有恐懼。但如果我們能減少對事物的執著，了解到我們害怕的東西其實在我們的想像裡頭；而且，如果我們能面對自己的恐懼，即使只存在於想像中，我們便可以克服大部分的恐懼，一步步地。

★心法26
都怪你期待太高

「黃瓜太苦？把它丟了。路上有荊棘？繞過去。就這樣，你只要知道這些。別去追究『這些東西為何會存在』。不然任何一個見過世面的人都會嘲笑你。例如一個木匠，如果你發現他的工作坊裡有木屑而大驚小怪；或者對一個鞋匠，驚訝他身上有幹活留下的皮革碎屑。」

——馬可．奧理略

當現實不符我們的期待，我們會生氣、難過或失望。我們會吃驚，因為事情不如我們所願。當你覺得氣餒，別責怪別人或外在事件，而要怪你自己和你那不切實際的期待。把注意力轉向自己，記住，我們必須擔起責任。

我們對小事覺得氣惱的唯一理由，根據塞內卡的說法，是因為我們沒料到它們會發生。「這要歸因於過度自戀。我們認定我們不該受到損害，即使是敵人也一樣。每個人心中都有著帝王的觀點，而且樂於使用這許可，卻不樂意為它受苦。」

我們被寵壞了，每當事情不符合我們的帝王觀點，我們就大吵大鬧。我們心裡只想著別人欠我們的，卻忘了對自己有幸能擁有的心懷感激。

我們過度樂觀的期待和慾望是造成我們的憤怒與挫折的主因。因此，我們必須讓它們更符合現實，這麼一來我們便不會覺得好像被世人辜負了。之前說過，如果我們只欲求自己能力所及的東西，那麼不管客觀環境如何，我們永遠不會覺得氣餒。

身為積極的斯多葛奉行者，我們應當試著去看清世界的原貌，而不是要求它符合我們的期待。我們必須提醒自己世界的樣貌，我們可能在其中遇見什麼，以及什麼是在我們掌控之內。智者，塞內卡說，「會確保沒有任何事會突如其來地發生。」

「難以預料的事所造成的挫折感也更大，而意外性會讓不幸變得更沉重。不可測的這個事實毫無疑問會強化當事人的悲傷，這是我們必須確保絕不讓任何意外發生的一個原因。我們必須凡事進行沙盤推演，在腦子裡設想每一種可能的突發狀況，而不只是事情的常態發展。」

之前說過，天崩地裂的感覺取決於我們一開始就不認為某事件有可能發生。所以，經常藉由進行負面想像來約束我們的期待是很重要的。如果我們想像最糟狀況，我們就不需要面對失落的期待，而且可以大大減少負面情緒的產生。

讓我們在心裡彩排可能發生的最糟狀況，看看情況的發展能違逆我們的希望和期待到什麼程度。無論結果如何，我們都將心平氣和，我們不該對任何事感到意外，尤其是那些普遍會發生的事。

「記住，」馬可．奧理略說：「你不該訝異無花果樹生出無花果，也不該訝異這世界生出的一切。一位良醫，不會訝異病人發燒了；起風時，一個舵手也不會意外。」

★心法27
痛苦和刺激：美德的絕佳機會

「面對每一次挑戰，要記住你擁有可以與之對抗的內在資源。受到眼前俊男美女的刺激，你會發現內心那股相反的自我克制的力量。面對痛苦，你會發現忍耐的力量。如果你受到羞辱，你會發現容忍。總有一天，你會變得無比自信，再也沒有任何一種印象是你欠缺道德方法去包容的。」

——愛比克泰德

「阻力就是助力。」之前的心法3這麼說。

你可以把看似逆境的情況當成實習，把它轉化為優勢。身為戰士哲學家，我們可以利用這些境遇來練習表現出最好的自己。

當其他人把逆境看成壞事，看成妨礙他們達到目標的阻力，我們卻在其中看到成長的機會，並且把它翻轉過來。我們在他們看見災禍的地方發現機會。

「疾病是身體的障礙，對意志而言卻不是，除非意志選擇讓步。」愛比克泰德解釋說：「跛行是腿的障礙，對意志卻不然。」

愛比克泰德瘸了一條腿，他決定把它看成腿的，而不是心智的障礙。疼痛和疾病也一樣，屬於身體而非心智，我們絕不能讓自己被自我憐憫支配。這樣一種自我耽溺的回應只會增加我們的苦難。

的確，我們必須記住，痛苦可以是一種接受試煉、增進德行的機會。我們可以練習堅忍和耐力這兩種高貴的力量。

馬可也贊同：「誰阻擋你成為善良真誠的人？」我們擁有選擇自己的行動、打造自己品格的天生能力。「所以好好展現那些完全在你掌握之中的美德——正直、尊嚴、勤奮、克己、知足、節儉、善良、獨立、純樸、謹慎和寬厚。」

我們可以毫不推託地展現這麼多優秀素質。唯一讓我們裹足不前的是我們自己，因為只有我們能進入自己的腦袋。

就像自然可以將每一次障礙轉化為符合它意旨的結果，馬可說：「一個理性的人同樣可以把每一次挫敗變成原料，用它來達成自己的目標。」

我們應該從小處著手，愛比克泰德說。如果我們頭疼，我們可以學著不要咒罵；如果被人辱罵，我們可以學習容忍。他還強調，如果我們抱怨，千萬記得不要搞到怨天尤人。

讓我們提醒自己，發生在我們身上的每一次小意外都提供了實踐美德行為的機會。每一次頭疼是一次學著不要咒罵的機會；每個迷人的人都是一個學習自我克制的機會；每個討厭的人都是一次學習容忍、善良和寬恕的機會；每次挑戰都是一個鍛鍊毅力和勤奮工作的機會。

★心法28
淡定遊戲

「當環境的力量擾亂你的平靜，要迅速平復你的自制力，盡你所能不讓走調的時間拖得太長。習慣性地回歸和諧，能增進你對和諧的掌握。」

——馬可．奧理略

我們都不時會遇上措手不及的時候。不只是重大事件，還有一些出人意表的小狀況。火車誤點，單車被偷，朋友在最後一分鐘取消約會。

這類無關緊要的狀況會在我們脆弱的時候將我們撂倒。我們會失去鎮定，變得暴躁、愛抱怨。偶爾驚慌失措沒關係，再優秀的人都無法避免，重要的是要盡可能迅速回到正軌。別讓失神的時間拖得不必要地長，盡快穩住腳步，重新站起來，回復正常。

現代哲學家布萊恩．強生把這叫做「淡定遊戲」（equanimity game）。遊戲規則很簡單：一、注意到自己失控的時候，例如當你開始對塞車、另一半或同事不耐，接著二、看看你能多快察覺並且調整自己，讓自己回復淡定。

他說 *Equanimity* 是世上最了不起的字彙之一。這個字是以拉丁文 *aequus*（平穩）和 *animus*（心智）所組成，意思是「平衡的心智」。

因此我們應當在每次我們被某個突發事件打亂的時候立刻察覺，然後盡可能迅速回復平衡的心智。挫折難免，我們不可能總是春風得意。智者明白這點，而他們的主要目標是盡速回復正常。就像拳擊球，每次你捶它一下，它都會彈回來。

我們想要過美德生活，時時刻刻表現出至高的自我。因此，每當我們發現自己落後了，就要試著振作，重回正軌。我們可以記錄每次遊戲的完成時間，我們越常察覺到狀況並且回復平衡，就會漸入佳境。

「習慣性地回歸和諧，能增進你對和諧的掌握。」馬可教導我們。

記住：障礙和挑戰會讓我們更堅強，給予我們成長的機會。我們要成為面對人生挑戰時絕不退縮而且全力投入的心智戰士，清楚認知到這些挑戰將會讓我們更堅強。

之前我們提過，火焰利用障礙物為它助燃，它們會讓火燒得更猛。現在我們來看看另一個火的比喻。風助長了大火，卻把燭火吹熄。風是障礙，如果你的承擔和毅力太弱，它便會將你撲滅；但是當你接受挑戰，不因最初的困難而放棄，它便能助長你的氣勢。

如果你吹燭火，它會熄滅。如果你朝營火吹，一開始它或許像要熄滅，但隨後會燒得更旺。你要做一朵永遠會燒得更旺的火焰。

因此，每當生命給你一拳，要注意是什麼把你擊倒，然後看看你得花多久時間重新站穩腳步。觀察自己，找出是什麼東西幫助你找到平衡。你可以整天玩這遊戲，天天玩。

對我幫助最大的是這些斯多葛理念：專注在你能掌控的，順應現實，為自己的人生擔起責任，因為選擇以美德去回應一切始終是我能力辦得到的。

★心法29
反傀儡心態

「倘若有人將你的身體送給路人，你一定很氣憤。然而你卻把你的心任意送給不相干的人，讓他們凌辱你，弄得你心煩意亂。對此你不覺得羞愧？」

——愛比克泰德

我們老是被一些外在事件和莫名的衝動耍得團團轉，有如傀儡，我們讓別人操控著絲線，隨他們的意思起舞。

同事不經意的一句話，沒來電的男友或者一個陌生人的批評，我們被一些我們控制不了的事情弄得暈頭轉向，我們輕易被別人激怒。

更糟的是，不只是別人，我們也讓天氣、社群媒體、新聞和球賽結果操控我們的絲線。晴天我們雀躍，下雨我們跺腳，我們為心愛球隊的射門得分喝采，為追平的進球嘆息。

多麼愚蠢！心是我們自己的。我們的身體、我們的財物、我們的朋友都不是，唯獨我們的心是。然而我們毫無意識，突然間，它落入了氣象播報員和球賽裁判員手裡。

「最終要了解，你內在有著某種比起那帶來肉體激情、把你當傀儡一樣拉扯的力量更為強大、神聖的東西。」

馬可指的是我們的心。我們可以決定外在事件對我們的意義。我們不需要被周遭發生的事耍得團團轉。事實上我們可以保持冷靜而不會受傷害或者被激怒。

只要切斷拉扯著你的心的絲線，把原該是你的拿回來。停止愚蠢行為，別讓不歸你掌控的東西拉著你。

是的，馬可說，別人可以阻礙我們的行動，但是他們阻礙不了我們的意圖和態度。我們的心適應力很強。如果情況看來對我們不利，我們會適應它，在其中看見成長的機會，我們可以把障礙轉化為機會。

與其被不可控制的外在世界發生的種種耍得團團轉，我們應該遵循深刻的價值。無論發生什麼事，我們始終嚴守恬靜、耐心、善良、包容、正義、毅力和自律。

我們的價值觀以及對當下時刻的正念能防止我們變成傀儡。這些東西不會自動產生，而需要努力學習。作為勤奮的斯多葛奉行者，我們決定努力學習，成為自己的主人，而不是為各種麻煩浪費時間。

「你可以建立一套像這樣的思維模式：你是個老人，你不想再讓自己被奴役了，不想再像傀儡一樣被每一種衝動操弄，而且你再也不會抱怨自己當前運勢不佳，或者懼怕未來。」

馬可有一套絕佳的思維模式。讓我們加以採用：我們是成熟的人類，此後再也不會受到外在事件和其他人的奴役；我們不會像傀儡一樣被每一種衝動操弄，也不會抱怨當下時刻或者懼怕未來。

該是拿回主控權的時候了。

讓我們保衛自己的心靈恬靜。

「第一要務，不要激動。」馬可提醒自己要保持冷靜。一旦穩住情緒，仔細思考手頭的工作該怎麼做，同時謹記你的價值，然後帶著善意、謙遜和真誠去採取適當行動。

第一，不要慌亂；第二，做正確的事。就這樣。

只要我們把覺知帶入當下的情境，這是可以辦得到的。首先試著不要激動，接著客觀地看待它，同時在心中堅守自己的價值，然後採取必要行動。

在過程中我們必須注意到自己的衝動、印象和判斷，以便能夠退一步觀察它們，而不是任由它們把我們打敗。我們必須避免作出輕率的反應，就這麼簡單。

避免輕率，保持冷靜，你便不會像傀儡一樣被要弄了。

★心法30 人生本就充滿挑戰

「困境可以彰顯一個人的品格。因此，當挑戰找上你，要記住這是神派給你一個少年練拳對手，就像體能教練的做法。為什麼？因為奧林匹克選手是要苦練的。我想沒人比你擁有更好的挑戰，只要你能像運動選手運用少年練拳對手那樣利用它。」

——愛比克泰德

我們很容易抱怨自己的處境。

可是誰說事情會是公平的？誰說人生會很輕鬆？沒有。這正是我們來到世上的目的，來接受考驗。這樣我們才能變得更好，這樣我們才能學習堅忍和毅力，這樣我們才能成長為圓熟的人。

「你認為如果沒有獅子、九頭蛇、牝鹿或野豬，還有試圖消滅世界的野蠻罪犯，海克力斯會變成什麼樣子？少了這些挑戰，他還能做什麼？」

愛比克泰德所舉的這個海克力斯例子值得再一次覆述。他又說：「他勢必只能在床上翻個身繼續睡覺。只是在鼾聲中舒服安逸地度過一生，他永遠不可能進化成無敵的海克力斯。

就算他辦到了，那對他又有什麼好處？沒有那些危機和境遇刺激他行動，那雙臂膀、那體格、那高貴的靈魂又有什麼用？」

不必設想人生艱難，但也別期待當它艱難時會變得容易，而要祈求有力量去面對它。這是一個成長的機會。挑戰你的是那個少年練拳對手，他只是在考驗你。

問題是：你會如何應付挑戰？你是那個接受它並且準備正面迎戰的人？或者是那個下巴挨了一記鉤拳就丟毛巾投降的人？

這正是我們來到世上的目的，斯多葛派說。人生本來就很艱難。如果不必面對挑戰反而是不幸的事。聽聽塞內卡的說法：「我認為你很不幸，因為你從不曾遭逢厄運。你所向無敵地度過一生，從來沒人知道你有何種能耐，連你自己都不清楚。」

正因如此，斯多葛派總是積極投入生活。他們明白人是在生活中，而非在象牙塔中成長。

下次你面對困境，就當它是一次成長機會那樣接受它。別擔心，你必定會成長。也許是一次事後讓你覺得慶幸的、影響重大的經驗。

問題不在生命**會不會**給你幾拳，而在**什麼時候**。以及你會如何回應。

你會以一種有益成長而積極的方式準備迎戰、回應？或者你會像個受害者般回應，抱怨連連，一遇上困難就丟毛巾投降？

你會把它看成一次學習、壯大的機會？或者你會氣餒然後開始哭泣？

所以，當你遇上困境，提醒自己，這正是你來到世上的目的。它將讓你更強大。

★心法31

當下的問題是什麼？

「別讓你一生榮辱與衰壓迫你，別去細想過去可能發生過，或者未來可能會發生的所有各式各樣的問題。只要在當前的每一個情況中問自己：『手頭這件事有什麼是我無法容忍或承受的？』」

——馬可·奧理略

斯多葛主義的一個重要部分是發展當下的覺知，好讓你能後退一步，客觀地看清情況、分析你的印象然後採取建設性行動。

在忙亂的時刻，我們對手頭工作的注意力很容易分散，迷失在浩瀚的生活當中。我們遙望未知的未來，然後回到已知但早已遠離的過去。難怪我們會驚慌失措。

別忘了，過去和未來都不是我們能掌控的。馬可說它們對斯多葛派是無關緊要的，眼前的時刻才是每個人都擁有的。可是「沒有人會輸掉過去或未來，因為，人怎麼可能被剝奪原本就不屬於自己的東西？」

過去已無法挽回，而未來只會受到我們此時此地的行動的影響。這是為什麼斯多葛派強調我們必須在當下時刻用心，專注在真實的、可以把握的事情上。

我們擁有的一切力量可以歸結到眼前這一刻。就在當下，我們可以控制我們所作的抉擇。現在你選擇讀這本書，我選擇現在寫的（寫給自己）的一本書。

我們的自發性思維和行動是我們唯一能掌控的東西，僅僅在當下這一刻。

倘若我們想要時時刻刻展現至高的自我，我們就**必須**察覺到自己在當下時刻的行動。這種正念是斯多葛實行者的先決條件。

麻煩的是：我們會因為想著過去或未來而亂了方寸，因而和此時此地失去了連結，這是我們之所以會驚慌失措的主因。不同於動物，我們會為早已過去或還沒到來的（兩者都在我們掌控外）事情擔憂。聽聽塞內卡的說法：「野生動物一遇上危險就跑得遠遠地。一旦逃離，牠們就不再憂慮。可是我們會被未來和過去的事纏繞折騰。」

只有當下不會讓你心煩，他說。

因此我們必須在自己陷入慌亂的時候立刻察覺，問自己：「此時此地，我手頭的任務是什麼，為什麼它讓我難以承受？」

如果你能專注於當下時刻，用超然的角度去看它，那麼這種艱難的時刻將會突然變得容易忍受、容易處理多了。你會比較容易接受它們的真貌，專注在你當下能做的，來改善你的狀況，全力以赴。

一次一小步！

你越是能順利讓注意力重新回到當下時刻，你就越能用心投入你分分秒秒的行動，距離展現至高的自我也就越接近。

馬可．奧理略說你只需要做到以下幾件事：

- **確定對當下時刻的判斷：**客觀地看，這個狀況究竟是如何？
- **接納當下時刻的外在事件：**接受、滿足於失控的狀況。
- **為當下時刻的最大利益而行動：**此刻我能採取的最佳行動是什麼？

如果你只採用斯多葛哲學的這個部分，如果你能在日常生活投入足夠的正念，那麼你將受益無窮！

作為積極的斯多葛奉行者，我們應當努力專注在當下時刻，不因過去或未來而分神。唯有如此，我們才能挑戰自己的各種印象，客觀地看清楚狀況，泰然接受我們無法掌控的部分，讓自己的行動符合我們最深刻的價值，像是智慧、正義、勇氣和自律等。

這就夠了。

★心法32
清點你的福分

「別把心思放在那些不歸你所有的東西上，彷彿它們是你的，而要細數你實際擁有的福分，想想如果它們還不屬於你，你會如何渴求它們。當心了，你對這些東西的珍視還不到萬一失去了會為之困擾的地步。」

——馬可．奧理略

在艱困的時刻，想想自己所擁有的會很有幫助。因為我們常忘了能實際地擁有它是多麼美好，而生命一直以來是如何厚待我們。

別忘了對你所擁有的心懷感激——即使身處逆境。

對此馬可提醒我們三件事：

- 物質不重要，不要收集、囤積物品。
- 對你擁有的一切要感恩。
- 小心別對這些東西太執著。

誰在乎別人擁有什麼？你可以自己決定什麼是真正重要的，什麼不是。專注在你自己身上，認知到生命對你的寬大。你不需要越來越多的東西，你需要少一些，這樣你將更為自由。你擁有的越多，你可以失去的也越多。要感激你所擁有的，好好欣賞它們，同時設法充分利用你已經有的東西。

這裡有個愛比克泰德大方與我們分享的神聖法則：「這個神聖法則是什麼呢？要保有自己的獨立性，不要索取屬於別人的東西，而要使用你被賜予的；倘若未被賜予，不要欲求它。而當一樣東西被拿走，要毅然決然放棄，而且要感激你有幸使用它的那段時日。」

不要欲求你沒有的，而要感激你擁有的。要隨時準備好歸還你被賜予的，而且要感激它歸你使用的那段日子。

多麼簡單的法則，讓我們把它刺青在心中。

塞內卡也贊同：「人類最大的福分在我們內心……智者滿足於自己的命運，無論好壞，而不會有非分之想。」

讓我們隨時保有這樣的感恩態度，對我們擁有的一切，對我們遭逢的一切。記得要經常心懷感激。最簡單的方法就是把每天值得感激的事寫下來，把它加入你唸誦馬可「警句」的清晨例行作息：「當你清晨醒來，想想能夠活著去呼吸、去思考、去享樂、去愛，是何其珍貴的一項恩典。」

記住不要執著於那些物品。它們只是向大自然借來的，隨時可能在瞬間被拿走。

★心法33
異己化

「我們可以藉由召喚許多共同經驗，來讓自己熟悉自然的意旨。當一個朋友打破玻璃杯，我們會脫口說出，『啊，真倒楣』。那麼十分合理的是，當你自己的杯子破了，你也用同樣的容忍態度去接受它……我們最好能記取自己在別人遭逢類似損失時是如何反應的。」

——愛比克泰德

當同樣的事件發生在我們而不是別人身上時，我們看待它的方式是多麼不同啊。當你的同事摔破咖啡杯，你會輕鬆看待，丟下一句像是德國諺語「破瓷片會帶來好運」或者「衰事難免，我來幫你清理一下吧」之類的閒話。

可是當我們遇上同樣的事，我們會馬上斷定自己是笨拙又沒用的。不用說，當不幸發生在別人而不是我們自己身上時，要保持冷靜、維持淡定確實容易多了。

如果在事情影響我們的時候作出相似的反應，會不會比較明智？我是說，我們並不特別。所以我們為什麼要在遇上事情時小題大作，而不是像看見別人出事時那樣一笑置之？

這真的說不通。宇宙對我們和對別人並無不同，它沒有和我們過不去。事情就是會發生，有時候我們遇上，有時候別人遇上。事情是按照正常順序發生在我們身上的，要泰然處之。

下次，當你遇上麻煩事，想像一下它發生在別人身上。問自己，要是同樣的事發生在你同事莎朗身上，你會怎麼反應。如果發生在莎朗身上不算什麼，那麼發生在你身上當然也不算什麼。

這會讓你意識到，發生在我們所有人身上的「壞」事，相對來說是多麼微不足道，因而防止你擾亂自己的心靈寧靜。

愛比克泰德進一步說：「現在來談談更重大的事：當某人的妻子或孩子死了，我們照例會對這個男人說：『凡人皆有一死。』但如果死的是我們的親人，那麼馬上變成『我真不幸啊！』」

比起破碎的心，破碎的咖啡杯容易處理多了。但其實是一樣的。為什麼莎朗失去她的丈夫不算太嚴重，但如果是妳丈夫，就變成了天大的悲劇？

當然，我們對親人的死不可能像對咖啡杯的死那樣淡然處之。可是想一想如果事情發生在別人身上時我們會作何反應還是有幫助的。這會帶來新的觀點，提醒我們發生在我們身上的事也會發生在別人身上。

同樣地，當你想像發生在他們身上的事發生在自己身上，能讓你對別人有更多同理心和諒解。有時候我們會輕易認定某人反應過度，而忽略他們的感覺；但是當同樣的事發生在我們身上，我們也有同樣的反應，甚至更誇張。

所以，當你遇上麻煩事，想想如果它發生在別人身上，你會有什麼反應。這會幫助你保持心境的平穩。

此外，在你評斷別人面對不幸的反應之前，想想你面對同樣不幸時的反應。這會讓你更懂得體諒別人。

★心法34 採取鳥瞰視角

「柏拉圖說得真好。每當你想談論人，最好是採取鳥瞰視角，把一切收入眼底，集會、軍隊、農莊、婚禮和離婚、出生和死亡、嘈雜的法庭或寧靜的地點，每一個外國人、節慶、紀念碑、市場，全部混為一體，又以兩兩對立的方式羅列。」

——馬可．奧理略

多麼棒的心法。想像你離開自己的身體，漂浮到空中，越來越高，你看見自己、你的房子、附近街坊、其他人，分布著湖泊、河流的城鎮，直到你的身體看來像一顆細小的種子，接著更遠一些，看見你的國家、海洋，甚至整個星球。

這個心法可以幫助你認知自己是整體的一部分。你從遙遠的高空看見人類的一切，一開始像鳥，接著像太空人。

「你可以連同那些令你煩惱的東西，一股腦擺脫掉許多無益的事物，」馬可指出：「因為它們全然出於你的想像。」從這個高空的視角，許多問題都可以解決。從這個視角，所有人類事物和你自己的不幸，全都顯得微不足道。

「藉由沉思時間的永恆性，觀察萬事萬物的瞬息萬變，從誕生到消逝的時間之短暫，還有誕生前的無限時間，以及消逝後同樣浩瀚無邊的時間……」

不只我們的問題顯得微不足道，瞬間消失，同時我們也領悟到世事無常。我們不只渺小，而且轉瞬即逝。他說得極好：「持續不斷地想像空間和時間是一個整體，而每一個單獨個體，就空間而言是一顆細小的種子，就時間而言只是螺絲釘的一轉。」

下次你遇上麻煩，試試看採取鳥瞰的視角。

我們常被自己的思緒困住。我們因此誤判，把它想得很嚴重。我們拚命鑽牛角尖，看不出那有多麼平庸。我們一心想著眼前的煩惱，彷彿那是地球上的頭號大事。好像那是天大的問題。

這時候你可以採取這種高遠超然的視角，和宇宙的無邊無涯一比，你的天大問題突然變得無足輕重了。這會幫助你用正確的角度去看事情，看清整個大局，對其他人誤以為重要的外在事物，像是財富、外貌或社會地位保持淡然。

★心法35 天下無鮮事

「世上發生的種種：疾病、死亡、瀆神、陰謀……為愚蠢的人們帶來喜怒的一切，皆如春天的玫瑰、夏季的果實那麼簡單而熟悉。」

——馬可．奧理略

「一代人過去，又一代人到來，然而大地亙古長存。」這話很像出自馬可．奧理略之口，其實是源於《聖經》。

事情從沒變過。人類一直在重覆同樣的行為。一些處世態度和做法來了又去，然而人們和生活始終如常——結婚、生兒育女、生病、死亡、抗爭、哭泣、歡笑、饗宴、偽裝、抱怨、墜入愛河、貪欲，以及探討哲理。

沒有新鮮事。一切和十個世代前沒兩樣，在未來的世代也將不會改變。塞內卡、愛比克泰德和馬可．奧理略和活在兩千年後的我們有著同樣的困擾，這是為什麼他們的文章到了今天依然適用。馬可提醒我們一切只會不斷重演。「惡：老掉牙的東西。無論發生什麼事，要記住：那全都是老套，從世界的一端到另一端，沒有例外。它充滿在歷史書裡，不論古今，以及所有城邦，所有屋宇。一點都不新奇。」

我們很容易認為當今發生的一切很特別。但是作為堅強的人，我們必須抗拒這觀念，同時意識到，除了少數例外，事情一直以來都是如此，將來也不會改變，只是舊事重演。

我們和在我們之前到來的人們沒兩樣。我們只是短暫的過客，當我們離去，將有另一批和我們一樣的人們到來。地球永遠不變，我們則是來來去去。

在你開始鑽牛角尖之前，提醒自己，發生在你身上的事並不特別。在你之前有千百人經歷過，你走之後還會有更多人經歷。

抱歉必須告訴你，不過你也並不特別。發生在你身上的事沒那麼特別，你的行為沒那麼特別。這或許能幫助你正確地看待一切，而不會太把事情當一回事，也不會太把自己當一回事。一切都是老套。

此外，這是我們不該為小事大驚小怪的另一個原因。這些事總是一次又一次發生，我們最好能認知到這點。東西會摔破，人會死，球賽會輸，人會失敗，如同春天的玫瑰和夏季的果實，事情將會一再重演。

★心法36

肉是動物屍體：客觀看事情

「當我們面前擺著肉之類的食物，我們會接收到印象，覺得這是魚的死屍，這是鳥或豬的死屍；同樣地，這杯費樂納（Falernian）白酒只是一點葡萄汁，這件紫色袍子是一堆用甲殼類的血染色的羊毛；或者在交媾的事情上，那只是體內磨擦加上精液的痙攣性排出：諸如此類的印象，直探事物的本身，洞察它們，於是我們看見了事物的原貌。」

——馬可．奧理略

斯多葛派建議盡可能客觀地看待一樣物品或一種狀況。堅守事實，盡可能用價值中立、接近真相的方式去描述一個事件。

這是典型的斯多葛思維：事件本身是客觀的，是我們對它的評斷給了它意義。如上述，馬可提醒自己去觀察事物的基本構成要素，他要確保自己不會賦予外在事物過多的重要性。

（附註：關於性交的部分可不是假正經，畢竟馬可有十三個孩子，而比較是為了在肉慾方面有所節制。）

我們應當看見事物原來的樣子，「揭露它們，看看它們的無價值，把它們得到的推崇之詞全部剝除。」

我們應當看清事件的真貌，分析它，「裡裡外外看個透徹，它在歷經歲月、疾病和死亡之後會有什麼變化。」

馬可把物品翻來覆去仔細觀察，他說他的黃袍是「一堆用甲殼類的血染色羊毛」。也許十分貴重，但也只是一些用氣味不佳的骨海螺的萃取液染色的綿羊毛。如果你有印象，或許還記得這種染料正是季諾早在創立斯多葛主義之前遇上船難所失去的船貨。

事物實際上或許珍貴，但客觀地看，往往就沒什麼價值了。

馬可建議要盡我們所能好好地過生活。這麼做的能力就在人的靈魂之中，只要人能對外在事物保持淡然。而保持淡然的方法就是「既要看清事物的全貌，也要把它們分解成細部來觀察，而且要記得，沒有一樣物品強求得到評斷或者迫使我們對它作出評斷。」

基本上，客觀地看待事物的原貌有助於我們表現出至高版本的自我。我們將認知到它們完全無足輕重，只是我們的價值判斷賦予了它們價值和意義。

在斯多葛哲學中，我們從各個角度看事情，深入了解各種狀況。事件的客觀表現往往能幫助我們看得更清楚，防止我們給予它們太多意義。

因此，當你在生活中遇上挑戰，陷入困境，試著客觀地看待你的處境。裡裡外外、徹頭徹尾檢視它，用簡單的字眼來解釋它。盡可能地真實，它看來像什麼？它由哪些部分組成？它能維持多久？

★心法37

避免輕率：測試你的印象

「馬上做一個練習，對每一個強烈印象說：『你只是一個印象，不是印象的源頭。』接著用你的各種準則加以試探、評估，但首先要問：『這件事在或不在我的控制之內？』如果它不是你能控制的那類事情，便可以如此應對：『那就不關我的事了』。」

——愛比克泰德

我們自然地演化為趨吉避凶的生物。這是我們的生存本能，而且在我們的日常生活中對我們的行為起著重大影響。

這是我們會因循推託的主要原因，這是我們開車時會對其他駕駛人咒罵的主要原因。有些刺激物會引發一種印象，而我們便憑著它行動。多數情況下，這都是自動發生的：

- 一個駕駛人超我們的車，我們對他大吼。
- 祖母端來餅乾，我們吃了。
- 我們的兄弟在看電視，於是我們坐下來，陪他一起看。

問題出在哪裡？我們的感覺總是錯的。在當今的世界，我們的情緒印象往往會起反作用。如果我們只趨近感覺美好的，最終我們會浪費生命，上 Netflix 狂追影集，狂吃 M&Ms 巧克力，狂喝盒裝葡萄酒！

重點是，**感覺**起來對的事往往不是我們應該去做的。

記住，身為積極的斯多葛奉行者，我們要時時刻刻掌握方向盤，以便可以謹慎地選擇我們的最佳行動。因此，至關重要的是不能憑著印象衝動行事，而要在行動前暫停一下，這樣的話，要保持掌控就容易多了。

我們必須避免輕率莽撞的行動。就如愛比克泰德說的：「不要因為印象的逼真而慌了手腳，而要說：『等我一下，印象，容我把你看個清楚，看你是什麼東西的印象，容我測試你一下。』」

讓我們來試探一下你的印象。情況真有那麼糟？到底出了什麼事？我真要一頭栽進去？為什麼我感覺心中有股強烈的渴望？我對這個人了解多少？

如果你能停下來問類似的問題，就比較不容易被印象弄昏頭，作出輕率的舉動。關鍵在於克制機械性的反應，拒絕接受你的衝動印象，先試探它一下。

這並不容易。如果我們想退後一步，只把它們看成假設，我們就得先把它們給找出來。而這需要自我覺知。

因此實際上有兩個步驟：首先，發現我們的印象，確保我們沒有馬上被沖昏頭。第二，檢視這個印象，冷靜地決定接著該怎麼做。

藉由說「等我一下，印象」，延緩我們對激情印象作出反應的這種能力，是在美德中過生活的基礎。唯有如此，我們才能避免老是只做感覺舒坦的事，而去做真正對的事。

如果你能免除輕率魯莽的行動，展現必要的自律，那麼你便成為一個能捨他人所不能捨、敢為他人所不敢為的人。

要知道，測試自己的印象，其實是每一個積極的斯多葛奉行者的核心素質。當你持續這麼做，你還會發現，讓你煩惱或欣喜的並非事件本身，而是你對它的反應。如果你決心不對所有小困擾作出反應，你也就不會在意了，彷彿什麼都沒發生過。

只要能爭取一點時間，在反應前等一等，我們便能抗拒只是憑著本能立刻作出反應的衝動。多數情況下，這種衝動性的反應是毫無幫助的。

關鍵就在避免輕率、情緒性的反應，接著先試探一下我們能不能做些什麼。不必理會我們無法掌控的部分，因為我們根本無能為力。

只有我們的反應是我們能掌控的。因此，讓我們選擇自己最明智的（不）反應，然後繼續過日子。聽聽愛比克泰德處理愉快印象的對策：「每當你得到某種享樂的印象，和面對任何印象一樣，要謹防自己被沖昏頭，讓它等候你的行動，讓自己暫停一下。在那之後，在腦中回想兩個時候：首先是當你享受歡愉的時候，以及後來當你後悔做了那件事、自怨自艾的時候。接著把它們拿來和當你戒絕這享樂時將會得到的愉悅和滿足作比較。」

重點：在你作出反應前，說：「等等我，印象……讓我先試探你一下。」

★心法38 做好事、做好人

「不要表現得好像你肯定會永遠活下去的樣子，你的命運已註定好了。只要你活著一天，趁著還來得及，開始為善吧！」

——馬可．奧理略

你讀這本書是為了什麼呢？

你不會因為學習斯多葛主義而得到榮譽勳章或別的獎賞，沒人會在乎你讀些什麼書，或者你對古代哲學懂得多少。

你也不會在乎，因為你讀這本書是為了自己。因為你想成為最好的自己，因為你希望能有效地處理人生的各種挑戰，因為你想擁有幸福平順的人生。

而這正是重點所在。「因為哲學不在於外在的展現，」穆索尼烏斯．魯弗斯提醒我們：「而是要留意自己需要什麼，並且保持覺察。」

重要的是你是誰，以及你做了什麼。愛比克泰德說是人的卓越成就了人類的美麗。如果你發展出正義、寧靜、勇氣、自律、善良或容忍之類的素質，你將變得美麗。

沒有人能欺騙自己來得到真正的美。

善惡存乎一心，重要的是我們怎麼打手上拿到的牌。如果你努力為善，如果你盡了全力，結果如何並不重要。

你可以從自身找到善。「幸運之人是那個自己創造好運的人，」馬可說：「而好運就是和諧的靈魂、良好的本能和良善的行動。」

喜悅來自你的抉擇，來自你謹慎選擇的行動。善意的行動能帶來心靈的平靜，這是你追求幸福的絕佳機會。

行善，只因為這麼做是正確的。別期待任何回報，為自己而做，以便你能成為自己想成為的人。

不要當那種做了好事就到處大聲嚷嚷的人。「只要繼續移往下一個行動，就像葡萄藤，在合宜的季節結出另一串葡萄。」馬可提醒我們要為了行善而行善。

這是我們的天性，這是我們的任務。

告訴別人你做了什麼好事是幼稚的行為。小時候，每次我做了有益全家人的事，總是記得讓所有人都知道我做的好事。可是我母親？我父親？他們日復一日做著同樣的事，根本沒人注意。我們這些孩子把一切視為理所當然，常常不知感激。

當我們長大成人，我們了解到做正確的事、幫助別人只是我們該做的事，這是身為明智、負責任和成熟的人的義務，就這麼簡單。這只是領導者所做的事，不是為了博取感激、認同或榮譽勳章。

「現在就照著自然的要求去做，馬上開始，只要你能力所及。別左顧右盼，看別人是否知道。」

身為羅馬皇帝，馬可擁有的權力遠大於我們，他的行為也比你我更具影響力。然而，即使是這位當年地球上權勢最大的人物，都必須提醒自己「要對最微小的一次進步心滿意足，把最後結果看成小事。」

只要辦得到，讓我們向前邁出一小步。至於會有什麼成果？不重要。

「你的職業是什麼？做一個好人。」

這是最簡單的工作描述。這不表示做起來很容易，但只要我們立定志向去行善，我堅信我們一定可以達成目標。一步一腳印。

第八章

情境心法：遇上難纏的人該如何自處？

人是我們在日常生活中必須面對的最困難、最常見的挑戰。每天總有一、兩個討厭的傢伙會來招惹我們。莽撞的駕駛人，厚臉皮的祕書，漫不經心的滑板客，或者愛嘮叨的小弟。

我們擺脫不掉這些人。我們得要過日子，我們得和同事一起工作，我們有家人朋友。最重要的，我們負有社會責任。斯多葛哲學要求我們幫助別人，關注全人類的共同福祉。要記住，我們必須把別人當親人，因為我們全都是世界公民，都必須為這個社群盡一分力。我們是社會性的，因為我們無法獨立存活。而善待他人，首先受益的是我們自己。就像馬可說的，完成我們的社會責任將給予你擁有美好人生的絕佳機會。

可是，有時候別人真的很討厭：

・人會當著你的面撒謊
・人會羞辱你
・人會讓你傷心難過
・人會欺騙你
・人會偷你的東西
・人會來煩你

那麼，我們該如何維護自己的心靈寧靜，同時又能達成我們的社會責任，和其他人互動？這正是接下來的心法和對策要討論的。

★心法39 我們都是同一個身體的手足

「那麼，我既不會被這些人傷害，也不會對與我同類的人生氣，也不會恨他們，因為我們處於應該共同合作的狀態，如同雙腳、雙手、上下眼皮或者上下顎的兩排牙齒。對彼此不利是違反自然的，而對別人生氣、背棄對方當然也對他不利。」

——馬可・奧理略

你和我，我們是親人，我是你的兄弟，你是我的兄弟或姊妹。我們生來就是要合作的。「要經常把宇宙想成是一個單一的生命體，」馬可說。我們必須認知到我們是一個更大軀體的手足，彼此合作無間：「既然你自己是用來完善整個社會體的一個部分，就讓你的每個行動也能有助於完善整體的社會生活。」

讓你的所有行動對人類福祉作出貢獻，你是整體的一個手足，我們必須密切合作。塞內卡也同意說，自然之母將我們孕育為親人。她在我們身上灌注了一份相互的愛。

我們來自同一個源頭。「我們的伙伴關係非常像是一道石拱，如果石頭沒有互相支撐，拱門便會崩塌。」我們必須互相支持，否則整體將會崩解開來。我們全都相互連結，彼此依賴著。

如果我們想過最美好的生活，為彼此努力是必要的。對你來說這意謂著作為整體的手足。幫助其他人，將你的所有行動用來促進共同福祉，唯有如此你才能擁有美好生活。

倘若我們無法認知到這種相互連結性，倘若我們無法讓我們的行動符合這些社會目的，我們的生活將會四分五裂，馬可說。這會造成隔離和不和諧，而我們將無法擁有美好的生活。

記住，我們人類是為彼此而生的。我們生來就該像雙手、上下眼皮那樣密切合作。我們的所有行動應該以促進和諧為目標，為全人類效力。

讓我們善待別人，用容忍、善意、寬恕和慷慨，當他們是兄弟姊妹那樣對待。這是通往美好生活的唯一路徑。

記住馬可的警句：「對蜂群無益的，也不會有利於任何一隻蜜蜂。」

★心法40 沒人會故意犯錯

「當一個人贊同錯誤的事，要知道他並不希望贊同這錯誤：『因為沒有人會心甘情願放棄真理。』如同柏拉圖所說的，而是這錯誤在他看來是正確的。」

——愛比克泰德

人會去做他們認為對的事。如果他們犯了錯，是因為在他們看來那是正確的。

因此，我們不該責怪人們，就算他們粗率無禮、不公正地對待我們。他們並非故意那麼做。如同蘇格拉底說的：「沒有人會樂意犯錯。」

耶穌在被迫揹起十字，並且遭到毆打、鞭撻和凌辱之後說過類似的話。儘管處境惡劣，耶穌抬頭望著天空，說：「天父啊，原諒他們，因為他們不知道自己在做什麼。」

斯多葛派相信，人會那麼做是因為，他們認為那麼做對自己最好。如果人們說謊，是因為他們認為這對他們有利。如果人們偷竊，是因為他們認為這是最好的做法。如果人們很吝嗇，這是因為他們多少感覺到這是他們從中獲益的最好方法。

這些人都欠缺某種智慧，他們不清楚什麼是對什麼是錯。而就算他們知道自己可能做錯了，他們仍然誤判，以為這會給自己帶來好處。

重點是，他們並不是蓄意犯錯，他們只是了解不夠。

我們必須耐心對待這些人。「有些人聰慧，有些人愚鈍，」穆索尼烏斯提醒我們，他接著說：「有些人在較好的環境下成長，有些人環境較差，後者有著較低劣的習性和教養，會需要透過論證和循循善誘等更多關照，才能熟悉這些教導並且受到感化，就像狀況不佳的身體，必須給予大量的關照，才能得到該有的良好健康。」

我們別忘了自己有多幸運，並非人人都能得到和我們一樣的養育。並非人人都有同樣的基因、教育和童年創傷。這些因素對一個人影響極大，而且也都不是我們所能控制的。

就像狀況不佳的身體比狀況良好的身體需要更多時間才能痊癒般，一個欠缺足夠智慧的人會比一個擁有絕頂聰明的雙親和最佳教育的人需要更多時日，才能迎頭趕上，明白道理。

和這些人生氣是沒有道理的，這不是他們的錯。面對這些人的另一個更好的方法是以身作則。不再氣呼呼地回應，而要以一種善意、體諒的態度回應。不再批判他們，而要試著給予協助和支持。

每當你遇上一個有人表現出偏差行為的狀況時，就是一個成長的好機會。因為這正是你實踐自制力、寬恕、友善和容忍等美德的時候。

馬可說務必要記住這點：「就如柏拉圖所說，人唯有在違逆自己意志的情況下才會背離真理。這話也適用於正義、自制、善待他人等等類似的美德。這點千萬要謹記在心，因為這會讓你更溫柔地對待所有人。」

★心法41 找自己的碴

「每當你對別人的過失感到惱火，立刻轉念到你自己的類似缺點，例如看重錢財，或享樂，或者一點名聲等等，任何形式的缺點。這麼一想，你就會很快忘掉你的憤怒，同時思考是什麼驅使他們犯錯？不然他們還能怎麼做？或者，如果你能化解他們的衝動。」

——馬可．奧理略

犯錯是人性。

我們都會犯錯，可是我們會忘記，而且會在別人犯了我們不久前才犯過的同樣錯誤時生氣。

你應該已經了解，人不會故意犯錯。只要回想一下，你犯了多少次不帶有惡意或意圖的錯誤。你沒有說出真話的那次，你根據錯誤訊息而行動的那次，你因為相思病而極盡粗魯無禮的那次。你沒仔細聽，誤解別人結果做出恰恰相反的事來的那次。

別因為犯錯而抹煞一個人，我們都有狀況不佳的時候。

「當你被任何人的過失惹惱，」愛比克泰德告訴我們：「轉向你自己，看看你自己的錯誤，你將會忘了你的憤怒。」

有時候，當我們批判別人的不良行為，實際上我們並沒有比較好。我們只是自**以為**是。仔細想想你自己的過失，一定很多的。我們只是寬待自己的錯誤，讓它們輕鬆過關罷了。因為我們內心希望**其實**我們不會這麼做，我們只是出於好意，我們**實際上**是比較優秀，絕不允許這種行為發生。這次完全是特例。

我們讓自己通過審查，因為我們的腦子漂亮地合理化自己的過失。可是，一旦我們偵測到別人做同樣的事，我們的警報器會立刻響起，並手指著他人，毫不留情地提出批判。

讓我們不要被最初印象（對方肯定是蠢蛋）沖昏頭，而要想想，我們自己也是過來人。

我們也曾經是如假包換的蠢蛋，而我們對自己的批判卻溫和到不行。

即使你越來越察覺到自己的過失，改正了，而實際上也不再犯相同的錯誤時，你還是要對別人保持冷靜和體諒。謹記兩件事：首先，他們不是故意犯錯；再者，截至目前為止你自己也犯了不少錯，而且還在持續增加當中。

其實開場的諺語還有下半句：犯錯是人性，寬恕是神聖。

★心法42 體諒關愛那些失足的人

「當你遇見某人，從一開始就對自己說：『這個人對於生活中基本的善與惡的假設是什麼？』當某人的行為彷彿是你的敵人，在羞辱或反對你時，要記住他只是在做他認為正確的事。他了解的並不多，而你要告訴自己：『在他看來是如此。』」

——愛比克泰德

斯多葛主義提倡寬恕。

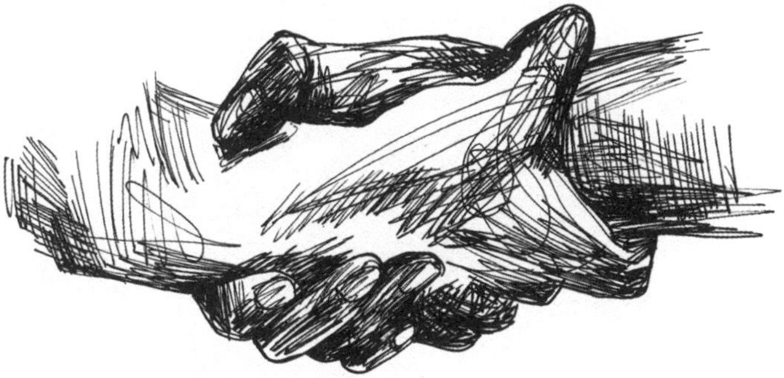

斯多葛派常提醒自己犯錯者的無知。他們不是故意犯錯，只是在他們的處境下，他們所做的似乎是正確的。

我們何其有幸，馬可說：「能夠去愛這些失足的人。」他提醒自己四件事：①失足的人們是親人，②他們犯錯是非自願的，③反正我們很快都會死，還有④除非我們願意，沒人能傷得了我們。

因此，我們有能力（也有責任）去愛這些失足的人。塞內卡也說：「對別人要多寬容，對自己則絕不寬貸。」

他非常清楚，別人是在做他們認為對的事，因此他欣然原諒他們。在這同時，他也知道，如果別人不原諒他，是因為他們覺得沒這必要。

要寬恕，即使別人不這麼做。你要以身作則，明白他們看不見你所看見的。

就某種意義而言，斯多葛派把失足的人視為是誤入歧途、欠缺智慧的人，比較像是小孩而不是惡人。他們無法認清他們所做的根本不符合自己的利益。他們是盲目的，就像一種疾病。

他們不明白自己在做什麼。也因為他們生了病，在這件事情上他們也沒得選擇。所以我們怎能責怪他們？不要憎惡他們所做的，因為這等於是憎惡他們的病痛。

唯一的適當反應是同情和寬恕。

馬可有個簡潔的比喻：他說期待無知的人不犯錯，就像期待無花果樹不長出無花果，嬰孩不啼哭，馬兒不嘶鳴。這些都是無法避免的事，都是自然而然發生的。不要期待人們不犯錯，而是要期待自己有力量去包容與原諒。

想像一下，如果你能把別人的失足看成是無可避免、自然或者疾病造成的，你將會變得多麼寬大？他們迷途了，錯不在他們。

還是那句話，唯一的適當反應是同情和寬恕。此外，與其責怪，不如試著去幫助那些失足的人。

注意：要經常記住，也許這次錯的是你，也許你才是那個犯錯的人。

★心法43
憐憫而非責怪做壞事的人

「既然我們憐憫盲者和跛足者，我們也該憐憫那些在他們至高的機能上又盲又跛的人。我想，記得這點的人，必將不向人發怒，不對人感到憤慨，不辱罵人，不責怪人，不怨恨人，不冒犯人。」

——愛比克泰德

對那些作惡的人？與其怪罪，不如憐憫他們。

他們並非故意那麼做。他們在最高的機能，也是就他們的心智方面又盲又跛，因而沒有能力正確思考，運用理性。

可憐的人們！縱使他們真的傷害了你，要知道他們是盲目的，是看不見自己在做什麼的。若是你能看出這種創傷，你將不對人發怒，不辱罵人，不責怪人而且不冒犯人。

這是斯多葛派對我們的要求。就算臉上挨了巴掌，也要有最佳的表現。而了解到作惡的人在他最重要的機能上是跛的，將會是一大助力。

當一個受傷的隊友接不到球，你不會批判他。同樣地，那位受傷的球員也不該批判那個斥責他的人。因為罵人的人自己也受了傷，只不過不是身體，而是心裡。儘管從外表看不出來。

這人已經因為他在最重要的一項能力上盲目，而受到足夠報應了。

不過，要是你無法在傷害你的人身上看出這種創傷，只要記住：「做壞事的人，傷的是他們自己。不義的人是對自己不義，讓自己變得邪惡。」

馬可．奧理略指出，作惡的人到頭來傷的是自己。也許他們在做出不義的事之後會覺得罪惡或羞愧，也許他們什麼感覺都沒有。這不重要。

可是你已經知道，美德是至高的善。如果你行為端正，便能擁有幸福人生。對那些作惡的人也是同樣的道理。他們將不會擁有幸福的人生。

因果報應，一點不假。

每當有人不當地對待你，你有幾種選擇。也許你會認定那是壞事，因此受到傷害。也許你會認定作惡者是邪惡的，因此對他發怒。也許你會把這情況看成是中性的，並且隨遇而安。也可能你看出作惡者運用理性的能力被蒙蔽了，因而選擇憐憫他而不是責怪他。

你有能力去善待別人，你有能力堅守自己的道路，用同情、寬恕和善意去回應作惡者。因為，縱使他們的所言所行傷害了你，你知道他們在最重要的機能上是殘缺的，最終將傷的是他們自己。

★心法44
仁慈就是力量

「哪裡有人，哪裡就可能發現仁慈。」

——塞內卡

每當你遇見另一個生物，就是一次表現善意的機會。不一定非要人類不可，也可以是貓、狗和其他動物，甚至植物。

如果你想盡力做自己，仁慈是一種值得發展的美好價值。而且沒有人可以阻止你表現善意。機會太多了。清晨向你的鄰居微笑，和巴士司機打招呼，向超市收銀員道謝。

「善意是無敵的。」馬可說，只要是發自內心。「因為，如果你不斷表現出善意，就算是最惡意的人又能奈你何？」

下次你遭到惡劣的對待，不要還擊，而要接受它。不要抗拒已經發生的事，坦然接受它，用容忍和善意去回應，這是最好的做法。「大部分的粗蠻無禮、凶惡和冷酷都只是為了掩飾根深柢固的軟弱，」萊恩．霍利得說：「也只有力量強大的人，才可能在這些情況下表現善意。」

要和善並且展現這力量。

你生來就是善良的，馬可說。表現和善、得體的行為是你的天性。記住，我們全都是兄弟姊妹，即使別人犯了錯，我們還是應該善意地回應。這是手足之愛。

是什麼阻止你這麼做？問自己，今天你在哪些情況下會願意展現多一點善意？你在何時何地會願意送出你的微笑、包容犯錯的人、分享一句親切真誠的**謝謝**，以及出手幫助別人？記住塞內卡的話，「哪裡有人，哪裡就可能發現仁慈。」接著他又說：「海克多（Hecato）說，『我可以教給你一帖不用任何藥物、藥草或特殊符咒調製的愛的藥方——如果你想要被愛，去愛人。』」

★心法45
如何面對侮辱

「從傷害中療癒比尋求報復好得太多。報復很浪費時間，而且會讓你暴露在比最初引起不快的傷害更多的損害之中。憤怒往往比傷痛持續更久。因此最好是採取相反的做法。有人會認為被騾子踢時反踢一腳，或者被狗咬時反咬一口是正常的嗎？」

——塞內卡

簡單一句惡言惡語可以毀掉一整天，但前提是我們願意。人很容易發怒，用辱罵來反擊。或者，當我們不贊同別人的做法，我們可能會想：「啊，我要找他算帳！」

這是對不良行為的最糟糕反應。

那麼，對付侮辱的斯多葛式反應是什麼呢？威廉·厄文在《善用悲觀的力量》一書關於受辱的篇章中分享了幾種對策，現在就來看看其中幾種以及其他建議。

一個對策是停下來，問自己，對方所說的是不是事實。「說出顯而易見的事實，」塞內卡說：「為什麼是一種侮辱？」

其次我們要問，是誰侮辱了我們？如果是某個我們尊敬的人，那麼我們要看重她的意見，並且接受它作為改進自己的參考。如果我們不尊重這個說話的人，那幹嘛要在乎？

塞內卡建議把無禮的人看成一個特大號的小孩，就像做母親的不會傻到跟自己小孩的童言童語計較，我們同樣也不該傻到被一個孩子氣的人的辱罵所傷。有著這類性格缺陷的人不值得我們發火，馬可說，他們只該得到我們的憐憫。

要記住，理性、有智慧的人不會出言羞辱別人，至少不會是蓄意的。因此，如果有人羞辱我們，可以確定的是這人的性格必然有缺陷而且不成熟。厄文把在意別人的辱罵比喻成把狗的吠叫當真，傻瓜才會為一隻狗心煩，整天悶悶不樂。「糟糕，那隻狗討厭我！」

馬可．奧理略把無禮的人看成一種警惕：別成為那種人。「最好的報復是不要變得和損人者一樣。」最好的報復就是不理會並且以身作則。

當我們受辱時該怎麼回應？

斯多葛派說要幽默以對，而不是反過來羞辱對方。

開個玩笑，一笑置之。

要找到合適的話真的很難，對吧？所以，較好的對策是根本不回應。「與其回應別人的羞辱，」穆索尼烏斯．魯弗斯說：「不如冷靜沉著地承受眼前的事實。」

記得默許的藝術：我們要接納一切無常。因為那不是我們能掌控的，事情一旦發生就再也無法改變，現實就是如此。

因此，讓我們不要對辱罵表現出絲毫抗拒。不要進入攻擊、抗辯或退縮的反應模式，只是讓它左耳進、右耳出，彷彿你不在那裡，沒有一丁點抗拒，沒有半個人會受傷害。這麼一來，你將變得百毒不侵。羞辱的言語從你的左耳進、右耳出，那人沒有權力控制你的感受。

不過，如果你願意，你可以讓對方知道，他的行為是不可取的。在特定情況下，這或許是必要的。我們必須教導孩子們如何待人處世。當一個孩子或甚至學生羞辱老師或其他學生，而打斷了講課，這時做老師的有必要懲戒這個辱罵者，來維護良好的教學環境。

這種懲戒不是針對羞辱言語的情緒性反應，而是一種用來幫助辱罵者改進行為、確保合宜環境的一種經過理性考量的行動。

另一種對策是謹記愛比克泰德說的，「侮辱人的不是那個罵你或打你的人，而是你所作的關於它們的判斷。這太侮辱人了。」

只有當我們允許它發生，我們才可能受到侮辱。倘若我們不在意別人說什麼，我們便不會覺得受辱。畢竟，別人的行為不在我們掌控之中，因此它們終究是無關緊要的。因此，讓我們不要太在意別人對我們說什麼，或者說了我們什麼。他們知道什麼呢？聽聽馬可對這事的說法：「我常覺得驚異，我們無疑愛自己甚過愛別人，然而比起我們的自我評價，我們似乎更相信別人對我們的意見……我們深信同儕對我們的意見，卻忽略自己的意見！」

牢記這句話，不要把別人對你的意見看得太認真。訓練自己忍受別人的羞辱。你將會更有效地作出適當的反應，你會變得強壯，甚至無敵，愛比克泰德說：「誰是無敵的？那個不會為任何超出自己理性抉擇的事情煩惱的人。」

★心法46 訓練時磨擦難免

「當你的拳擊練習對手把你抓傷或者用頭頂撞你，你不會聲張、抗議，對他起疑或者認為他想謀害你。然而你會繼續盯著他，並非把他當敵人或者懷著猜疑，而是帶著一種合理的迴避姿態。對生活中的任何事情都該採取這種態度，在許多事情上你都該放過你的訓練伙伴。因為，如我所說，我們可以不帶懷疑或恨意地迴避對方。」

——馬可．奧理略

把每一天和每一種狀況看成訓練演習，即使是惱人的事，你也會立刻接受，只是訓練罷了。

磨擦難免，別責怪你的拳擊訓練對手，不要怪罪給事件，我們都只是在進行鍛鍊。事情會出錯，人們會做蠢事。

利害關係突然緩和多了。我們看待錯誤的態度變得寬容。我們願意通融多一點時間。這麼一來我們變得柔軟有彈性多了。

想像相反的情況。把每一種情況看成致勝關鍵……你會隨時惶惶不安，對每個小動靜作出回應。較聰明的做法是放輕鬆，只是點一下頭擺脫各種小攻擊。當它是訓練那樣略過。什麼事都沒有，繼續過日子。

你不會希望自己是那種為小磨擦氣急敗壞的人。那些人把事情看得太認真了，在外人眼中實在可笑。他們以為一個幾乎看不見的小斑點會毀了他們的容貌，一句髒話值得他們打一架，一點喝剩的牛奶足以構成他們發火的理由。

要知道，這些事或許對你很重要，可是沒必要發脾氣。保持冷靜，小磨擦是難免的。笑一笑，繼續過日子。如果合適，可以告訴別人你認為該如何吃冰淇淋、與人交談，以及瓶子裡剩下多少牛奶是恰當的。

「比起跳舞，生活的藝術更像是摔角。」我們曾在第一章提到：「因為靈活機巧的人生需要隨時準備好面對、承受突如其來的攻擊。」

馬可提醒我們要準備好迎接突來的一記耳光，生活加給我們的所有奇襲猛攻都是修練的機會。每一次打擊包含了保持冷靜、強化你成為理想中的那個人的機會，但同時也含有被激怒、讓你益發變成自己不想成為的那種人的風險。

你是戰士，沒有任何事、任何人能輕易將你摺倒，你已準備好應付一連串拳擊和側踢。

人生原本如此。甚至，你知道這些踢打能讓你更強壯，於是摩拳擦掌準備上前迎戰。打擊來得再快再狠都不夠看。

你想要變得強壯，你想要在逆境中把持住自己，你想要在風暴中穩若磐石，你想要在別人驚慌時保持鎮定。

所以，你實在沒工夫去理會每個小磨擦。就當它是訓練，笑一笑，繼續往前。

★心法47
別放棄他人或自己

「當你在理性的道路上邁進，總會有人擋住你的去路。他們永遠無法阻止你去做正當的事，因此不要被這些人逼得失去了你對他們的善意。要嚴密監控兩條戰線：不只要嚴守合理的判斷和行動，同時也要注意對那些擋住我們道路或者製造其他問題的人保持溫柔。因為發怒也是一種懦弱，和放棄任務或者在恐慌下投降沒兩樣。因為兩者都同樣是遺棄的行為，一個是藉由退縮，另一個是藉由和家人朋友疏離。」

——馬可．奧理略

你是讀者。身為讀者，你學習許多新觀念，以及各種探討、處理事情的方式。你把最能引起你共鳴的付諸實行，結果是你會拋棄你的舊行為，建立新學得的習性。

問題是，你一直在改變。你不會光為了省事而固守舊習性，你想要進步，嘗試新的做法，保留行得通的。

幾年前，我學到很多關於牛奶和乳製品的知識，後來決定追求好的食物而戒了它。這項改變影響的主要是我，但在許多情況下，它也會影響其他人。例如當我告訴我老爸，「抱歉，我不能吃這盤炒蛋，因為你在裡面加了牛奶。」或者當我斷然對所有加了一丁點牛奶的甜點或食物說不的時候。

為了簡便起見，我決定不繼續走這條道路。為了我自己和別人。我不想老是為了自己不吃含有一點點牛奶的食物而解釋半天。加上有些人會想要特別為我準備別的，我不喜歡這樣。況且，我喝了一輩子牛奶，從來就不是問題，所以何必為了這事驚動大家？

因此，在牛奶這件事情上，算是一次順利的改變，因為影響的主要是我自己，而我選擇了不要百分百戒除。

可是其他方面的改變，我們可能遇上較強的逆風。「當你在理性的道路上邁進，」馬可說：「總會有人擋住你的去路。」當你建立新的習性，努力求進步，別人或許會跟不上，甚至不情願照著做。

我們的挑戰是，不放棄新的生活習性，同時也不放棄我們的朋友和親人。

萊恩・霍利得拿飲食作比喻：當你的小圈圈裡的每個人都吃得很不健康，那麼就有一種自然的結盟關係。但如果你讀了幾本書，決定開始吃得健康些，這時小圈圈的行動安排就突然起了衝突，大家會開始爭執究竟該到哪裡用餐。

「就像你不該光為了別人不贊同而放棄新的生活習性，」萊恩說：「你也不該放棄那些不想改變的親朋好友。別把他們一筆抹煞，或者棄他們於不顧。別跟他們生氣或對抗。畢竟，不久前你也和他們一樣。」

只因為你讀了《小麥完全真相》（*Wheat Belly*），有天突然決定不吃含麩質的食物了，你也不該丟下那些仍然吃麥麩食物的朋友。我是說，僅僅幾天前你才安排了披薩之夜啊。

所以說，我們不該只為了決定改變而丟下其他人，但也不該放棄我們的新習性。這是我們遲早都得面對的挑戰，不見得和麥麩有關，但也許是其他主張和價值觀。

少吃（或者不吃）肉，少花時間玩電玩遊戲，少看新聞，多花時間到戶外活動，多看書，少血拚，多運動，不再每個週末狂飲，或者少抱怨。

堅持走自己的路，同時不丟下其他人，是艱難的挑戰。因為彼此的差異可能相當巨大。但如果你努力一試，多點耐心，相信你一定會找出解決辦法。你可以帶自己的食物去參加披薩之夜，準備必要時禁食，向其他人解說你的理由，也許每個月妥協一次。

對其他人保持和善與耐性。畢竟，不久前你和他們是同一掛的。

設法堅守你的新路線，別輕易改變你的價值觀。

★心法48
用一點小代價買到寧靜

「從價值小的東西開始：一點撒出的油，一點被偷走的葡萄酒。不斷告訴自己：『用這麼一點小代價，我買到了心靈的寧靜平和。』」

——愛比克泰德

這是我最喜歡的斯多葛主張之一。

「我因此買到了寧靜。」這句子不知多少次讓我免掉了生氣發火。我們有多少次為芝麻小事發怒？我們有多少次為了屁一樣微不足道的事抓狂？

我們讓小事激怒我們，而隨之而來的行動又惹得別人發火等等。斯多葛派即使在風暴中都要保持冷靜，然而我們只為了室友忘了洗碗、馬桶沒沖乾淨，或者沒有分擔他的家務就氣瘋了。

事情顯然不必如此。在你為任何惹得你怒火中燒的事情作出反應之前，告訴自己：「我因此買到了寧靜。」然後笑笑，把該做的事做完，繼續過你的日子。

船過水無痕。你很快就會了解，經常激怒你的那些小事根本不值得你費心。只要把你內心升起的任何感覺忍住，然後繼續往前。這會讓你省去不少神經緊張和精力。

主要的挑戰是：我們必須在第一時間意識到心中湧現的感覺。因此我們必須能夠介入刺激物和機械性反應之間的空隙。一旦我們進入那道缺口，我們必須具備自律，以便真正買到寧靜，完全不反應。

你能夠買到寧靜的次數越多，事情就越容易。接下來，即使在較具挑戰性的情況下你都能買到寧靜。

馬桶沒沖乾淨很容易，只要花幾秒鐘清洗就是了。妳的白色裙裝上的紅酒污漬也容易，只不過是一件裙裝。你最愛的球隊在最後關頭被追平，也還可以忍受，畢竟只是一場球賽。遭到男友背叛就比較棘手了，因為會悲傷憤怒好一陣子。

重點是，你越是練習買寧靜心法，就會越來越熟練。到最後你將能夠在煉獄之中買到寧靜。

最終，這可以歸結到一個斯多葛理念，就是讓我們心煩的不是事件，而是我們對事件的評斷。如果我們認知到自己的力量，並且把足夠的覺知和自律帶入棘手的狀況，那麼我們終將成為一個擁有情緒復原力、堅定不移的人。

如果這是你想走的道路，問自己：「我在哪些情況下可以經常買到寧靜？」

★心法49

從別人的角度看事情

「當你面對某人的侮辱、恨意，等等……凝視他的靈魂，深入他的內心，看看他是個什麼樣的人。你會發現，你不需要拚命爭取他的好感。」

——馬可．奧理略

我們往往太快作出評斷。

・那位火車上的父親沒有要他吵鬧的孩子們安靜——我們說他根本不懂得怎麼當父親。

・那個一路闖紅燈的駕駛人——我們馬上認定他是混蛋。

・那位在遊樂場斥責我們的母親——我們認為她完全瘋了。

在多數情況下，我們對別人了解不多，卻急著評斷他們，數落他們的不是。斯多葛派建議我們在提出批判之前，試著站在別人的立場，從他們的角度想一想。我們應當進入他們的腦袋，馬克說，看看他們是什麼樣的人，正致力於什麼事，什麼能激起他們的愛和欽佩。「想像他們的靈魂是赤裸裸的。」在評斷他們之前，我們應該真正試著從他們的角度看事情。

對斯多葛派來說，愛人比被愛更重要。他們訓練自己去對應難纏的人們，尤其要避免憑著衝動、帶著憤怒去作出回應。這是為什麼我們應該試著站在他們的立場，試著了解他們行動背後的原因。也許我們會發現這個原因，也許我們會諒解他們，也許我們會推斷他們的理由是錯誤的。

還記得那個在火車上帶著孩子的父親吧？我們認為對為人父這件事沒有一丁點概念的人？很好。讓我來告訴你一個關於這個人和他的孩子們的小故事。

話說這位父親坐在火車上，雙手捂著臉，神態充滿哀傷。他的兩個孩子跑來跑去，大聲叫嚷。人們被他們煩死了，心想這個父親應該把他的孩子管好。於是你起身，走向這名男子。

「打擾了，先生。你的孩子太吵了，你能不能要他們安靜一點？」

「啊，抱歉，」他回說：「我真不知道該怎麼辦才好。我們剛從醫院回來，他們的母親死了。」

哎呀！

視角一下子改變了，對吧？

我們評斷別人，卻不清楚他們的處境。我們不知道他們背後的故事，不知道他們為何有那樣的行為。基本上我們對他們一無所知。

讓我們將斯多葛派的忠告牢記在心，務必在評斷別人之前停一下，站在他們的立場，想一想他們表現出那種行為的各種可能原因。也許你在相同的處境下也會那麼做，誰知道呢？

★心法50 慎選你的友伴

「避免和哲學門外漢太過親近。不過，如果非這麼做不可，要提防不要降低到他們的層次。因為，要知道，如果同伴是骯髒的，他的友人免不了也會沾上一點髒污，無論他們原本有多麼乾淨。」

——愛比克泰德

我們不太能選擇要跟什麼樣的人打交道，也因此斯多葛派提供了許多和難纏人物應對的策略。

可是在某種程度上，我們可以選擇我們的同伴，我們可以選擇要和什麼人共度大部分的休閒時間。我們可以選擇要參加哪些活動，和誰一起去參加。

如同愛比克泰德說的，如果我們的同伴是骯髒的，我們難免也會變髒。這是為什麼塞內卡告誡我們，惡習是會傳染的，它們有如野火般擴散，卻沒人注意。

這是最基本的同儕壓力，我們會去做我們平常不會做的事。我們的行為突然和我們的價值觀背道而馳，我們會去迎合那些圍在我們身邊的友伴。也許你聽過吉姆・羅恩（Jim Rohn）的著名觀點：「你是你花最多時間相處的五個人的平均數。」

正因如此，我們應當慎選我們的朋友。他們有能力把你往下拉，或者往上拉到他們的水平。你可能變好，多虧了那些經常和你共處的人，也可能因為他們而變壞。

「要避免和粗鄙的人們共同宴飲。那些清醒時不正派的人，在酒後將會更加魯莽無禮。」塞內卡這話很有道理。他的解決方法？

「要結交那些可能讓你有所提升的人們。」

你或許有親愛的人，可是他們也會用他們的態度把你往下拉，就連清醒時也一樣。他們很懶，他們不是很在乎道德準則，他們對自我精進沒興趣，更別提對斯多葛主義。他們覺得那是你和他們分享過的最乏味、煩人的思想。

該拿這些人怎麼辦？愛比克泰德說：「關鍵是只和那些能夠鼓舞你、激發你最好的一面的人們來往。」

所以，除非他們願意有所長進，否則你只能少和他們在一起。如果你的朋友不能讓你變得更好，不能鼓勵你不斷進步，甚至不能在你勇敢追求道德精進時支持你，那麼把他們甩了吧。

你不需要和他們分手，從此互不來往，但你可以有意識地少花些時間和他們在一起。而且你隨時都可以和他們說話，有些人將會仔細聆聽你在知識、想法和活動方面的新斬獲。

此外，塞內卡也建議少和那些愛抱怨的人來往。一個「老是悶悶不樂、怨天尤人」的同伴「是對心靈寧靜的一種危害」。

除了少跟滿腹牢騷、會帶壞我們的人在一起，我們應該多和那些可能會讓我們變好的人相處。這是完全合理的。如果你多和一位楷模在一起，你更可能變得和他一樣。

該去哪裡找能夠讓你有所提升的人呢？動動腦。試試瑜珈教室，參加TED論壇的演講或其他演講，參加讀書俱樂部、語言課程等等。相信這類場合有許多值得你學習的人物。

不過，要記住，我們也可能很煩人，我們都有缺點。所以，當我們嚮往著和優秀的人們在一起，千萬別忘了我們自己也有缺陷。我們會犯錯，我們會有不公正的時候，我們也會發牢騷。要記住這點。

總之，選擇友伴的想法不只是關於你要和什麼樣的人共度大部分時間，同時也關係到把握你的寶貴時間。各種誘惑和浪費時間的活動正在轉角窺伺，因此我們必須注意自己所做的事，以及和誰一起做。

一般來說，如果你想成為最好的自己，就和最優秀的人在一起。如果你想避免動怒、心煩，就別和那些可能會惹你動怒心煩的人在一起。

★心法51
除了你自己，別評斷任何人

「有人匆忙地洗澡，別說他洗得很拙劣，要說洗得匆忙。有人喝很多葡萄酒，別說他喝得很兇，要說喝很多。除非你明白他們的理由，你怎麼知道他們的行動是惡劣的？這會使得你無法清楚看待一件事情，卻又贊同了不相干的東西。」

——愛比克泰德

我們的腦袋總是迅速作出批判。

我們常根據極少的情報給別人貼上標籤。我們充滿偏見。噢，他是老師。噢，她是女人。噢，瞧他穿的鞋子。

我們找別人的碴可說輕而易舉。

其實，多數時候，我們並不**想要**輕率地批判別人，但那卻會自動發生，我們腦中就是會神奇地迸出許多評語。

無論如何，我們還是得為自己的批判負責。因為我們可以選擇要不要加以採用。所以，就算你的腦子告訴你這個人沒把孩子看管好，是個壞父親，你可以選擇要不要接受這個想法。

你有能力停下來，客觀地看待整個情況。你對這名男子了解多少？實際情況究竟如何？拒絕接受一切不客觀的東西。謹守事實，用中性的方式描述整個狀況，不附加任何價值。記住，唯有當你能夠淡然地看待外在事件時，你才是自由的。而急著為一樁事件加上價值，說什麼都算不上淡然。

我們必須把事實以及我們附加的價值判斷區分開來。事實是什麼？我添加了什麼？做到這點的關鍵在於把我們的反應延後。「等等我，印象……讓我先試探你一下。」但是這種時候，你不必真的試探你的印象，反正它多半不重要，而要提醒自己，你的人生目標是什麼。如果你已熟知本哲學的主要建議，那麼你的目標應該是自我精進、變得更好、展現出至高版本的自我。

「讓哲學抹去你自身的缺點，而非作為一種譴責別人過錯的手段。」

塞內卡這話提醒我們哲學的功能：我們想消除自身的過錯。注意力是往內的，讓自己變得更好，至於別人的過錯，讓別人自己去負責。每個人都有自己的路要走。

你的過錯是你能夠掌控的，別人的過錯則否。你改掉自己的錯誤，讓別人去改正他們自己的錯誤。

千萬別忘了我們最初學習哲學的目的：為了自我精進。它不是用來改正別人錯誤的工具，這麼做只會帶來痛苦折磨。

把別人的錯留給他們自己去處理。斯多葛主義沒有一個地方允許我們去批判別人——而要去接納、去愛他們原來的樣子。讓我們專注於內在。我們本身需要改正的過錯已經夠多了。

停一下，想像一個人人不再急著批判別人，而是只專注於消除自身過錯的世界。你看見了什麼？

★心法52 不作惡還不夠，要為善

「不公不義往往也存在於你沒有做的事，而不只存在於你所做的。」

——馬可．奧理略

如果你沒有霸凌同事，那當然再好不過。但如果你只是站在那裡旁觀，或甚至衝著惡霸的話語大笑，那麼你也比惡霸好不了多少。

制止不成熟的行為，出手幫助那個被霸凌者，鼓起勇氣，做正確的事。

當善良的公民坐視不管，邪惡便取得了勝利。有一句名言：「惡人得勝的唯一要件就是好人袖手旁觀。」

別當那個袖手旁觀的人，你不會吃虧的。如果你率先以身作則，就會有更多人跟上去。

人們只是需要有人帶頭，你可以當那個領頭羊。

我敢說你一定目睹過這樣的場景：一個惡漢正在騷擾另一個人。常有的事。每個人望著這討厭的傢伙，心中燃起怒火，可是沒人敢制止他的愚蠢行徑。直到一個英雄挺身而出，走向那個狂人，對他說了兩句，就這樣，狀況解除。

這種事每個人都辦得到，可是沒人認為自己該出手。或者沒人有勇氣去面對那個討厭鬼。可是英雄難覓，於是愚蠢行徑繼續，直到球賽結束、電影散場，或者你在度過緊張的一晚之後回到家。

聽著，我知道要挺身去面對討厭的人並不容易，尤其當情況對你不利的時候，沒人要求你和一個持刀歹徒對抗。

不妨從小事開始。火車上坐在你鄰座那個口香糖嚼個不停的人，口氣奇差無比的同事，或者蒸汽浴室裡那個不關門的傢伙。

我耗去足足兩分鐘和些許勇氣，終於告訴那傢伙請把蒸汽浴室門關上。我沒有立刻要求他順手把門帶上，而是和自己纏鬥了兩分鐘，有點氣他，接著了解到我的想法和行為有多麼可笑。

下次，我會更快地要求對方表現出我認為的一般禮節，請和大家一起排隊，請把音量調低，請把門關上。

沒錯，或許這聽來有點像控制狂。可是，與其生悶氣、惹得一肚子火卻什麼都不做，去面對，冒著引發尷尬局面的危險，或甚至幫助這個人，不是明智多了？

有趣的是我們選擇對陌生人生氣，而不是禮貌地要求他們停止或改變。萊恩．霍利得說得好：「我們不只要人們變好，我們還期待它會神奇地發生。我們可以光憑著意志讓別人改變，用我們的憤怒目光在他們的腦殼上燒出洞來。」

馬可．奧理略提醒我們和他自己，要在這類情況下運用理性：「你是否會生氣某人有狐臭或口臭？生氣有什麼用？有那樣的嘴和腋窩，一定會散發氣味的。你說，他們一定有感覺，難道他們不知道自己冒犯了別人？恭喜！你也有感覺。所以，運用你天生的理性去喚醒他們的感覺，告訴他們，大聲說出來。如果這個人肯聽，你就治癒了他們，而不必生無謂的氣，不需要小題大作，或者把場面弄得很難堪。」

對我來說也一樣。與其勇敢去面對，然後或許得到滿意結果，還不如什麼都不說，忍著一肚子氣。

然而，作為積極向上的斯多葛奉行者，我們應當鼓足勇氣，試著幫助在場所有人。如果你有口臭，難道你不希望有人來提醒你？如果你有體臭，難道你不想知道？

討人厭的人自己可能沒察覺。所以，何不指出來，讓他們有機會改進？同時也讓你自己有機會得到安寧？

光是不做壞事是不夠的。我們必須為世界的美好出一分力，即使小事也不放過，盡我們所能去做。

★心法53

只說非說不可的話

「讓沉默成為你多數情況下的目標，只說必要的話，而且要簡短。在人家要求你說話的少數情況下，可以發言，但絕不要說關於格鬥士、馬、運動、飲食這類平凡事物的陳腔濫調。尤其不要說別人的閒話，不管是讚揚、譴責或者說長論短。」

——愛比克泰德

下次你和別人談話，注意一下對話內容。你會發現每個人談論的都是自己。不管什麼話題，每個人都能在自己生活中找到可以參與談話的材料。

我們就是這樣，喜歡談論自己。所以我們並未仔細聽別人說什麼，但我們隨時準備好上場。

如果我們提到別人，談的幾乎都是他們哪裡做得不好。我們愛說閒話，我們拿我們自認比較優越的地方和別人作比較。仔細想想，沉迷於八卦，評斷不在場、無法為自己辯護的人的是非，似乎不太公道。

關於這方面，斯多葛派的立場很清楚。不要責怪別人，不要抱怨，不要太多話，尤其是毫無意義的話。

「在你的談話中，不要冗長地敘述你自己的行動或冒險。」愛比克泰德說得很明確：不要說一大堆故事。「只因為你樂於細數自己的豐功偉業，並不表示別人聽你說的時候也有同樣的樂趣。」

沒人想聽你那些誇張的高中生活、運動和派對故事。很煩人又很自戀。你或許覺得很棒，因為你是談話的重心，可是其他人又如何？當然，他們面帶微笑，沒說什麼話，可是他們真正的感覺是什麼？

馬可．奧理略建議只說你認為正義的事，而且永遠要帶著善意、謙遜和真誠去說。

重點是：只有當你確信你要說的說出來比較好的時候才說話。

此外，把你宣揚的付諸實踐，用你的行動而非言語說話。

這個想法非常容易施行。帶著以聆聽為主的意圖參與一場對話，觀察大家都談些什麼。觀察自己內心很想說些什麼的衝動（也許是和自己有關的），然後只說那些最好說出來的話。

和人們接觸，不必為他們表演；讓他們暢所欲言，盡情聆聽。

★心法54
帶著理解的意圖去聆聽

「要養成仔細聆聽別人所說的話，以及進入說話者腦袋的習慣（如果可能的話）。」

——馬可．奧理略

斯多葛派建議我們多聆聽，少說話。

當你聆聽時，你應該注意別人說了什麼，以便能夠理解說話者想說什麼。這樣的話，你才能認知對方的價值觀和自主性。

你參與一場談話的目標是去了解對方想告訴你什麼。你帶著想要了解的意圖去聆聽。這叫同理心聆聽（*empathic listening*）。它會大大改善你的人際關係。

要抗拒想說話的衝動，接受自己內在永遠有一股想要馬上回應的力量。它想要為談話加入一點什麼，然而那往往是不必要的，甚至對談話有害。馬可形容得好：「在談話中，我們應該仔細注意別人說了什麼，並且留意內心的每一股衝動所引發的東西。後者是為了一開始就掌握它可能帶來什麼結果，前者則是為了密切關注別人真正的意思。」

你的主要問題是：對方究竟想表達什麼？

聆聽別人在說什麼，同時也要考慮伴隨著的情緒。你可以藉此培養你和說話者之間的理解和連結。還記得斯多葛主義的創建者吧？季蒂昂的季諾，遇上船難那傢伙？希臘自傳作家第歐根尼·拉爾修在書中提到，季諾曾經對一個愛胡扯的小伙子說：「我們有兩隻耳朵，卻只有一張嘴的原因在於，這麼一來我們就會多聽、少說。」

談話時，要養成習慣忍住怒火。做一個經常聆聽的人，只說能夠提升談話的事。大家會因此受益，縱使他們沒說出口。而你呢，改善的不只是你的同理心聆聽技巧，還有你的談話和觀察技巧，尤其是你的人際關係。

如同季諾的名言：「寧可失足，不可失言。」

★心法55 做別人的榜樣

「別再浪費時間爭論一個好人該如何，做個好人吧！」

——馬可·奧理略

用你的行動帶頭為善，以身作則。有力的榜樣勝過說教。

不要訓話，而要默默地示範，從你自己做起。「照著你的信念去實行，」愛比克泰德說：「例如，在筵席上，別談論一個人該怎麼進食，就照著正確的方式進食吧。」

談論自己剛學到的東西非常危險，他說。因為你可能會把還沒消化的東西吐出來。「因為，即使是羊都不會把草吐出，來告訴牧羊人牠們吃了多少，而是在體內把牧草消化了，然後在外面產出羊毛和羊奶。」

同樣地，我們也不該談論還沒完全消化的東西，而要表現出充分消化理論之後該有的行為。表現，而非說出你學到的東西。

因此，當有人無禮地對待你，你可以把你學到的表現出來，帶著善意和寬恕去回應。因為，如果你無禮地回應，就證明了你什麼都還沒學到。你和對方沒兩樣。

但如果你能保持冷靜、深思熟慮，選擇一種容忍、悲憫的回應方式，那麼你便立下了楷模。而其他人將會追隨，或許也包括作惡者。

斯多葛派說我們必須設下準則，然後照著準則去生活。檢視、維護這些準則是哲學的工作，「但是一個真正好人的工作是，一旦知道這些準則就馬上加以運用。」

愛比克泰德說得再明白不過，我們必須照著我們知道的準則去生活。

你是否欣賞本書中提到的某種理念？你是否贊同其中某些想法？那麼，就做個知而行的真好人吧。

問自己：「我想在這世上成為什麼樣的人？」

然後照著去生活。如果你想變得仁慈，那就仁慈點；如果你想有耐心，那就耐心點；如果你想變得誠實，那就誠實點。

如果你照著自己的信念和準則去生活，你將處在一種叫做**認知協調**（cognitive consonance）的和諧狀態，想的和做的完全一致，感覺棒極了。

把你的信念付諸實踐是正確的。

以身作則，其他人會追隨你。比起教誨，人更容易追隨行動。所以，積極地把你認為最好的行為展現出來。就像他們說的，與其改變世界，不如改變自己。

「別再浪費時間爭論一個好人該如何，做個好人吧！」

Acknowledgements

致謝

首先要感謝讀者，讓我這個初出茅廬的作者有機會證明自己。謝謝你花時間閱讀，我衷心感謝。

我的哥哥、事業合夥人和朋友，尼爾斯（Nils），謝謝你毫無保留的支持。沒有你，本書絕無可能問世。

我們的希臘畫家，阿娜斯塔西亞（Anastasia），謝謝妳的精采插畫，讓本書增添光彩。

萊恩·霍利得（Ryan Holiday），你不認識我，但我是無數被你引入這門絕妙哲學的人之一。謝謝你的啟發和費心鑽研。

感謝所有在這趟艱辛旅程中給予我支持的人。努力是值得的。

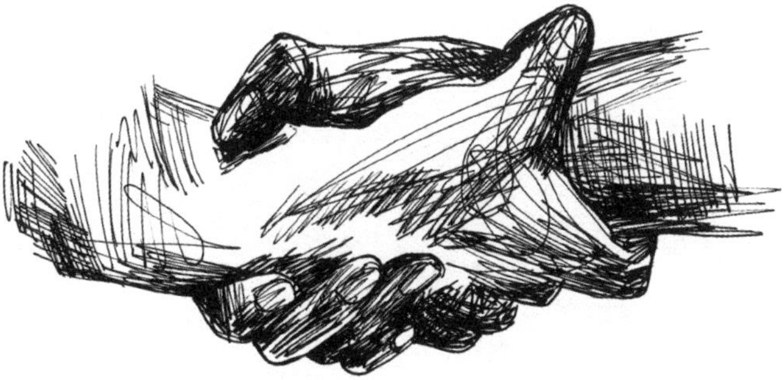

THANK YOU

Selected Bibliography
精選書目

Diogenes Laertius. Lives of the Eminent Philosophers. Vol. 2. Translated by R.D. Hicks. Cambridge, MA: Harvard University Press, 1925.

Epictetus. Discourses. http://classics.mit.edu/Epictetus/discourses.html.

Epictetus. Enchiridion. Translated by George Long. New York: Dover Publications, 2004.

Evans, Jules. Seneca and the Art of Managing Expectations. https://www.cbu.ca/wp-content/uploads/2017/01/8-Why-is-it-important-to-Manage-our-Expectations.pdf.

Frankl, Viktor. Man’s Search for Meaning. Boston, MA: Beacon Press, 2006.

Hadot, Pierre. Philosophy as a Way of Life. Edited by Arnold I. Davidson. Cambridge, MA: Blackwell, 1995.

Hadot, Pierre. The Inner Citadel: The Meditations of Marcus Aurelius. Cambridge, MA: Harvard University Press, 1998.

Holiday, Ryan. The Obstacle Is the Way: The Art of Turning Adversity to Advantage. London: Profile Books, 2015.

Holiday, Ryan., and Stephen Hanselmann. The Daily Stoic: 366 Meditations on Wisdom, Perseverance, and the Art of Living. New York: Portfolio, 2016.

Irvine, William B. A Guide to the Good Life. New York: Oxford University Press, 2008.

Johnson, Brian. https://www.optimize.me/plus-one/how-to-high-five-your-inner-daimon/. 273

Katie, Byron, and Stephen Mitchell. Loving What Is: Four Questions that Can Change Your Life. New York: Harmony Books, 2002.

Long, A. A. Epictetus: A Stoic and Socratic Guide to Life. Oxford: Clarendon Press, 2002.

Marcus Aurelius. Meditations. London: Penguin Group, 2006.

Millman, Dan. Way of the Peaceful Warrior: A Book that Changes Lives. Novato, CA: New World Library, 2000.

Musonius Rufus. The Lectures and Sayings of Musonius Rufus. Translated by Cynthia King. Createspace, 2011.

Pigliucci, Massimo. How to Be a Stoic: Ancient Wisdom for Modern Living. London: Rider, 2017.

Robertson, Donald. Stoicism and the Art of Happiness: Ancient Tips for Modern Challenges. London:

Hodder & Stoughton, 2013.

Robertson, Donald. The Philosophy of Cognitive Behavioural Therapy (CBT). London: Kar-nac, 2010.

Seneca. Dialogues and Letters. Edited and translated by C.D.N. Costa. London: Penguin Group, 2005.

Seneca. Letters from a Stoic. London: Penguin Group, 2004.

Seneca. Moral Essays. Vol. 1. Translated by John W. Basore. Cambridge, MA: Harvard Uni-versity Press, 1928.

Stephens, William O. "Stoic Ethics." Internet Encyclopedia of Philosophy, http://www.iep.utm.edu/stoiceth/.

Taleb, Nassim N. Antifragile: Things that Gain from Disorder. New York: Random House, 2012.

Want More?

意猶未盡？

我哥哥尼爾斯和我都是熱愛閱讀的書蟲，也都努力精益求精。斯多葛主義有幫助，正向心理學有幫助，克服因循陋習有幫助，但我們仍然跌跌撞撞。沒關係，只要站起來，拍去灰塵，向前看然後繼續走下去。

我們在 NJlifehacks.com 網站為一群傑出人士寫文章，分享我們自身在紛擾世局中安身立命的最佳對策。

倘若你想加入我們，每週在信箱中收到最新文章，歡迎到 NJlifehacks.com 註冊。

你也可以寄信到我的信箱 jonas@njlifehacks.com，讓我知道你有意加入（主旨請寫 Fresh Articles）。

關於作者（amazon）

喬納斯・薩爾斯吉勃（Jonas Salzgeber）是一位作家，在NJlifehacks.com為許多傑出人士撰稿。在追尋卓越的過程中，他偶然接觸到斯多葛主義，並且為之著迷。在這一派可付諸行動的哲學的核心包含著一個目標，那就是即使（尤其）在逆境中，我們也能擁有幸福的人生。

他那實用性超越學術性的寫作風格幫助人們踏出極為重要的一步：將書中的智慧化為行動。喬納斯・薩爾斯吉勃分享了許多斯多葛攻略，讓人們藉以找回自信，隨時準備好從容應付人生的一切無常。他熱愛手工黑巧克力和防彈咖啡。

斯多葛生活哲學 55 個練習：古希臘智慧，教你自信與情緒復原力 / 喬納斯．薩爾斯吉勃（Jonas Salzgeber）作；王瑞徽譯 . -- 初版 . -- 臺北市：時報文化，2020.03

面； 公分 . -- (人生顧問；392)

譯自：The little book of Stoicism : timeless wisdom to gain resilience, confidence, and calmness

ISBN 978-957-13-8110-7(平裝)

1. 古希臘哲學 2. 人生哲學

141.61 109002030

ISBN 978-957-13-8110-7
Printed in Taiwan

人生顧問 392

斯多葛生活哲學 55 個練習：古希臘智慧，教你自信與情緒復原力

The Little Book of Stoicism: Timeless Wisdom to Gain Resilience, Confidence, and Calmness

作者 喬納斯．薩爾斯吉勃（Jonas Salzgeber）｜**插畫** 阿娜斯塔西亞（Anastasia）｜**譯者** 王瑞徽｜**責任編輯** 謝翠鈺｜**行銷企劃** 江季勳｜**美術編輯** SHRTING WU｜**董事長** 趙政岷｜**出版者** 時報文化出版企業股份有限公司 108019 台北市和平西路三段 240 號 7 樓 **發行專線**—(02)2306-6842 **讀者服務專線**—0800-231-705．(02)2304-7103 **讀者服務傳真**—(02)2304-6858 **郵撥**—19344724 時報文化出版公司 **信箱**—10899 台北華江橋郵局第 99 信箱 **時報悅讀網**—http://www.readingtimes.com.tw｜**法律顧問** 理律法律事務所 陳長文律師、李念祖律師｜**印刷** 勁達印刷有限公司｜**初版一刷** 2020 年 3 月 20 日｜**初版九刷** 2024 年 6 月 25 日｜**定價** 新台幣 380 元｜缺頁或破損的書，請寄回更換

時報文化出版公司成立於 1975 年，並於 1999 年股票上櫃公開發行，
於 2008 年脫離中時集團非屬旺中，以「尊重智慧與創意的文化事業」為信念。